菅《すが》官房長官の守護霊に訊《き》く

幸福実現党“国策捜査”の真相

幸福の科学広報局 編

まえがき

二〇一六年夏、日本の民主政治史上に一大汚点として記録されることになるであろう、公職選挙法違反の捜査が行われた。

同年七月に行われた参議院選挙において、警視庁は幸福実現党の街頭演説で「五万円が支払われた」という運動員買収の容疑で、タレントら三名を選挙から間もない七月二十六日に逮捕した。さらに八月二日に同庁は幸福実現党本部を家宅捜索《そうさく》、その模様は新聞やテレビで全国に大きく報道された。

警視庁の勢いは止まらない。逮捕後の勾留《こうりゅう》期限が切れる八月十六日には別件で三人を再逮捕。三人はマスコミ報道によれば容疑を認めているにもかかわらず、である。このような軽微な案件で、三人の市民が計四十日にも及ぼうかという長期間にわたって拘束《こうそく》され、自由を奪われたのだ。

さらに、党関係者から聞き取りを進めていた捜査当局は、再逮捕の勾留期限が迫るなかで、明らかに容疑の案件とは直接関わりのない党の幹部らの聞き取りを要求してきた。

そもそも公職選挙法違反は、犯罪としての被害や保護法益（財産権の保護や身体的自由の保護のような）が極めて曖昧《あいまい》と言われている。にもかかわらず、党本部への家宅捜索や憲法にも違反するような人権侵害の長すぎる拘束などは、異常というしかない。

こうした事態に、さすがにマスコミは党本部への家宅捜索を「極めて異例」と論評し、「国策捜査《こくさくそうさ》」や「官邸《かんてい》からの圧力」、「安倍政権の幸福実現党潰《つぶ》し」と報道し始めている。

このような批判を巻き起こしつつ、なぜ不当逮捕とも言える案件の立件にそこまでこだわるのか。果たして捜査当局以外に何らかの思惑《おもわく》が働いているのか。その真相に、既刊『幸福実現党本部 家宅捜索の真相を探る』（大川隆法著、幸福実現党刊）に続いて迫ったのが本書である。

今回、自分のほうから物申《ものもう》したいと進み出てきたのは外遊中の安倍首相から官邸を預かっていた菅義偉《すがよしひで》官房長官の守護霊であった。当人の本音の、さらに本音を話すという守護霊の〝特性〟を遺憾《いかん》なく発揮して、官房長官の守護霊は不当捜査の狙いや目的から安倍政権の将来、憲法改正や天皇陛下《へいか》の生前ご退位への「お気持ち」などについてまで、驚くべき率直《そっちょく》さで語り続けた。まさに、「そこまでやるか」と思わずにはいられない証言録である。

とまれ、残念ながら、「安倍政権の国家社会主義的体制は着々と進みつつある。マスコミ各社の国家総動員化を進めつつ、警察の特高化《とっこうか》も押し進めている」（『幸福実現党本部 家宅捜索の真相を探る』「まえがき」より）と言うしかないのがわが国の現状だ。安倍マリオ政権が表面的な楽しさの奥に恐るべき毒をはらんでいることを、本書を通じて一人でも多くの国民に知っていただければ、文字通り「不幸中の幸い」である。

二〇一六年　八月二十五日

幸福《こうふく》の科学専務理事《かがくせんむりじ》　広報担当《こうほうたんとう》

里村英一《さとむらえいいち》

菅官房長官の守護霊に訊く　幸福実現党〝国策捜査〟の真相　目次

菅《すが》官房《かんぼう》長官《ちょうかん》の守護霊《しゅごれい》に訊《き》く
幸福実現党〝国策捜査《そうさ》〟の真相

二〇一六年八月二十四日　収録
東京都・幸福の科学総合本部にて

5　安倍政権はなぜ〝宗教弾圧《だんあつ》〟をするのか　90

「霊言現象《れいげんげんしょう》」とは、あの世の霊存在の言葉を語り下ろす現象のことをいう。これは高度な悟《さと》りを開いた者に特有のものであり、「霊媒現象《れいばいげんしょう》」（トランス状態になって意識を失い、霊が一方的にしゃべる現象）とは異なる。

また、人間の魂《たましい》は原則として六人のグループからなり、あの世に残っている「魂のきょうだい」の一人が守護霊《しゅごれい》を務めている。つまり、守護霊は、実は自分自身の魂の一部である。したがって、「守護霊の霊言」とは、いわば本人の潜在意識《せんざいいしき》にアクセスしたものであり、その内容は、その人が潜在意識で考えていること（本心）と考えてよい。

なお、「霊言」は、あくまでも霊人《れいじん》の意見であり、幸福の科学グループとしての見解と矛盾《むじゅん》する内容を含《ふく》む場合がある点、付記しておきたい。

菅《すが》官《かん》房《ぼう》長《ちょう》官《かん》の守《しゅ》護《ご》霊《れい》に訊《き》く
幸福実現党〝国策捜《そう》査《さ》〟の真相

二〇一六年八月二十四日　収録
東京都・幸福の科学総合本部にて

菅義偉《すがよしひで》（一九四八〜）

政治家。秋田県生まれ。法政大学法学部卒。民間企業《きぎょう》勤務の後《のち》、衆議院議員秘書や横浜《よこはま》市議会議員を経《へ》て、一九九六年、衆議院議員に初当選を果たす。二〇〇六年発足の第一次安倍晋三《あべしんぞう》内閣では総務大臣を務め、二〇一二年に内閣官房長官《かんぼうちょうかん》に就任。二〇一四年より沖縄《おきなわ》基地負担軽減担当大臣を兼任《けんにん》。

導師・審神者《さにわ》

大川隆法《おおかわりゅうほう》（幸福の科学グループ創始者兼《けん》総裁）

スピリチュアル・エキスパート

竹内久顕《たけうちひさあき》（幸福の科学ニュースター・プロダクション〔株〕
芸能統括《とうかつ》専務取締役《とりしまりやく》 兼 メディア文化事業局担当理事）

質問者

里村英一《さとむらえいいち》（幸福の科学専務理事 広報担当）

松島弘典《まつしまひろのり》（幸福実現党幹事長）

佐藤悠人《さとうゆうじん》（幸福の科学広報局法務室長、弁護士）

［質問順。役職は収録時点のもの］

1　幸福実現党との議論を望んでいる菅官房長官《すがかんぼうちょうかん》の守護霊《しゅごれい》を招霊《しょうれい》する

幸福実現党への家宅捜索《そうさく》以降、東京近辺を覆《おお》う〝黒い雲〟

大川隆法　今日、私は、午前中に二時間ほど、キング牧師《ぼくし》の英語霊言《れいげん》をしていたので、今回は（スピリチュアル・エキスパートの竹内に）代役でしてもらおうかと思っています。

この八月は、台風が日本列島を三発も連続して襲《おそ》ったりと、何か嫌《いや》な感じを受けています。このようなことは異例のことでしょうか。三発目は今週だったのですが、都知事も、首相も、天皇陛下《へいか》も東京におられないときに、十一年ぶりに東京を直撃《ちょくげき》とのことで、何か感じるものはあります。

その三つとも、幸福実現党への家宅捜索《そうさく》事件の本（『幸福実現党本部　家宅捜索の真相を探《さぐ》る』〔幸福実現党刊〕参照）を出して以降、起きているような気もしないでもありません。それは、唯物論《ゆいぶつろん》的科学者にとってはどうでもよいことかもしれませんが、われわれは、天変地異的なものと神意とが連動することが多いと思っているので、何か、東京近辺に〝黒い雲〟があるのではないかというように感じるわけです。

当会の法務室等からは、幸福実現党の関連で選挙違《い》反《はん》事件等のことを聞いてはいますが、警察だけのマター（案件）で早く終わらせようとしているかのように聞くものの、聞いたあとに〝すごく重いもの〟が来るので、「これは、担当者の考えるような法律違反の問題ではないのではないか。もっと裏があるのではないか」という感じを受けました。

首相外遊中に「タヌキ・キツネ学」でゴソゴソと動く者に本心を訊《き》く

大川隆法　今、政権中枢部《ちゅうすうぶ》に、安倍《あべ》政権の任期を九年ぐらいまで延ばそうとするような動きがありますので、あの手この手を使っておられるのではないでしょうか。

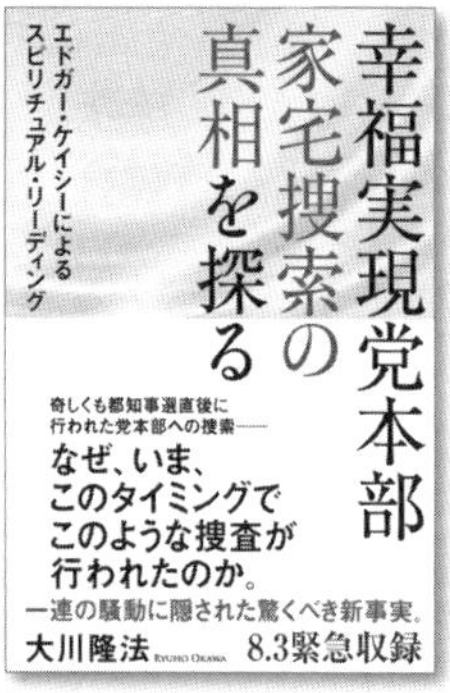

『幸福実現党本部 家宅捜索の真相を探る』
（幸福実現党刊）

そのようなわけで、安倍さんがリオデジャネイロへ行き、それからアフリカへ会議に行ったりしていて、〝アリバイ〟があるときに、何かゴソゴソと動いている方がいるのではないかという気がしています。「首相がいない間にちゃんと片付けとけよ」というような案件がおありなのではないかとも思えるので、それほど小さな案件ではないのかもしれません。

つきましては、まだはっきりと口を割っているわけではないのですが、どうやら、菅官房長官《すがかんぼうちょうかん》の守護霊《しゅごれい》が、幸福実現党と何か議論したいことがおありのようでありますので、今日はスピリチュアル・エキスパートの竹内さんのほうに入ってもらい、本心を語っていただこうかと考えています。

この前、やや中途半端《ちゅうとはんぱ》なかたちで政治家の名前を何人か連記したのですが（前掲《ぜんけい》『幸福実現党本部 家宅捜索の真相を探る』参照）、あれでは少々分かりにくいですし、安倍さんが留守《るす》の間はこの人が守っているようであり、「一警察官などの意見ではないのでないか」というのが、当方の捜査への感触《かんしょく》ですので、本音ベースで話をさせていただいて、天変地異の調伏《ちょうぶく》（祈禱《きとう》によって制圧すること）に貢献《こうけん》したいと思います。

そうしないと、秋以降、また悪いことがたくさん起きてもいけませんのでね。九月あたりには天変地異も多いのですが、そういうことが起きないほうがよいでしょうし、ここはすっきりさせておきたいところではあります。

この世の人間は、人間界の利害、あるいは、「タヌキ・キツネ学」等で動くのでしょうけれども、それだけで動いてはいけないものもあるのではないかと思っています。

裏で動いたり〝昼行灯《ひるあんどん》〟したりせず、表に出てきて話をせよ

大川隆法　（竹内に）あなたのほうの精度がどのくらいかは、若干《じゃっかん》、怪《あや》しいのですけれども、ベラベラとはしゃべるでしょうから、適度に質問すれば、ちゃんと、何か話し始めるのではないでしょうか。

私に入れて霊言をする場合にはブレーキがかかるようなことでも、しゃべってしまうかもしれませんので、あとで「週刊新潮《しんちょう》」さんに〝迷惑《めいわく》〟をかけないように、なるべく適切な言葉を使いながら質疑応答ができるとありがたいとは思うのですが、まあ、手がかかりますからね。一語一語、合っているかを照合するというのは。当会の支部

に来て、拝聴会《はいちょうかい》で録音し、映像と合わせるのも、なかなかのことで、編集部以上の力が要《い》ると思います。私などは、とてもではないけれどもやっていられないことです。

多少、フォーマルのほうがよいかと思い、こちらのほうで質問してもらおうと考えています。

民主主義の国でありますので、自由な議論をしてもらいたいものです。民主主義であり、法治《ほうち》主義の国でありますので、裏であまりコソコソなされるのではなく、〝昼《ひる》行灯《あんどん》〟をしないで、きちんと表に出て、言うべきことを言ってくだされば、私たちも理解しやすいのです。

あるいは、どのあたりで考えておけばよいのかということで、交渉《こうしょう》なら交渉で、「このあたりかな」ということが見えるところもあるので、今日はそのあたりのことを明らかにしておきたいと思います。

首相官邸《かんてい》の留守《るす》を預かる者の守護霊を招霊《しょうれい》する

大川隆法　それでは、よろしくお願いします。日本語ですので、大丈夫《だいじょうぶ》です。

竹内　（笑）

大川隆法　留守《るす》の官邸《かんてい》を預かっていらっしゃる方がメインで、警察庁あるいは警視庁の裏で動いておられると思いますけれども、その方の守護霊《しゅごれい》をお呼びして、利害関係が出てきている当方のメンバーに、適切な質問をいただこうと思います。

では、日本に今、暗雲を巻き起こしていることに関連する、責任のある者よ。

どうぞ、目の前にいるこのチャネラーに入りなさい。

（約十秒間の沈黙《ちんもく》）

2 〝異例の捜査《そうさ》〟が行われている真相を訊《き》く

「幸福実現党への捜査は決定していたこと」

里村　こんにちは。

菅義偉守護霊　うーん。うん。

里村　たいへん難しい顔をしているようですけれども、お話を聞かせていただきたいと思います。

総理の留守《るす》を預かっていらっしゃる方でよろしいでしょうか。

菅義偉守護霊　うーん……。うーん……。これは何なんだい？　君たち。

里村　はい？

菅義偉守護霊　何を訊《き》きたいの？　僕《ぼく》に。うん？

里村　先日の参議院選挙に絡《から》んで、幸福実現党に選挙違反《いはん》の事案が出ました。そして、幸福実現党の職員ではありませんが、関係のあるＰＲ会社の社長と、その方を介《かい》して、選挙で幸福実現党の応援《おうえん》演説をした方が、「運動員買収容疑」で逮捕《たいほ》されたのです。

菅義偉守護霊　そうだよ。うん。間違《まちが》ってないよ。

里村　七月二十六日に逮捕され、さらに、八月十六日には、もう一つの「運動員買収容疑」で再逮捕されました。

まあ、二つの案件で、各五万円ずつ受け取った容疑ですが、それに対して、逮捕された方々の勾留《こうりゅう》が四十日に及《およ》ぼうとしています。これは、非常に……。

菅義偉守護霊　何が問題なの？　何も問題ないよ。

里村　問題ない？

菅義偉守護霊　君たちが法を犯《おか》したから、法治《ほうち》国家なんで、裁《さば》きを受けてるんでしょ。何が問題なのよ。

だから、幸福実現党が法律違反をしたんだよ。何が問題あるんだね？

里村　幸福実現党が法律違反をしたかどうかは、まだ捜査《そうさ》中です。

菅義偉守護霊　いや、でも、これはもう事前に決定してることですから。

里村　決定している？

菅義偉守護霊　うん。もう決定してることだから無理ですよ。違法ですよ。君たちは何を頑張《がんば》ってるんだね？　そんなに。

選挙違反《いはん》案件の背景にある狙《ねら》いとは

里村　では、あえて、「菅さんの守護霊」と呼ばせていただいて、よろしいですね？

菅義偉守護霊　うーん……。

里村　すでに、安倍《あべ》さんの留守番を任されていることを否定されませんでしたので。

菅義偉守護霊　うーん……。だから、君たちはねえ、何をそんなふうに粘《ねば》ってるのか、僕には理解できないんだ。

なんでこんなさあ、粘ってるんだ？　君たちは。

里村　「粘っている」というのは、「選挙を粘っている」ということですか。それとも、今回の事件・案件に関して……。

菅義偉守護霊　だから、そろそろ旗を降ろしたらどうだい？

里村　幸福実現党の旗を……。

菅義偉守護霊　うーん。

里村　ほお。なぜ、「旗を降ろしたほうがいい」とおっしゃるのですか。

菅義偉守護霊　どうやって、君たちは成り立たせるつもりなんだい？　選挙には勝てない。支持率も失っている。法律違反まで犯して、社会的糾弾《きゅうだん》もされている。これからどう盛り返すつもりなんだい？

里村　今、おっしゃった「選挙違反」については、まだ捜査中です。

菅義偉守護霊　だから、もう決定してるんだって。

里村　しかし、「無罪推定」が、基本的に、捜査および裁判においての原則なんですけれども……。

菅義偉守護霊　だから、時間はかかるかもしれないけど、もう決定してるんだから。

里村　「無罪推定」ではなくて、「有罪確定」ですか。

菅義偉守護霊　確定するよ、いずれ。

里村　それは、なぜでしょうか。

菅義偉守護霊　「なんで」って、君たちが問題を起こしてるからですよ。

里村　それは、先ほどおっしゃった、「粘っているから」ということですか。

菅義偉守護霊　うん。

里村　つまり、「幸福実現党の旗を降ろしたい」ということが、今回の選挙違反案件の背景にあるわけですね？

菅義偉守護霊　だから、大川隆法さんという方は、何を望んでんだよ、幸福実現党に。

何をしたいんだよ?

「幸福実現党は自民党の邪魔《じゃま》をしている」

菅義偉守護霊　じゃあ、自民党をここまで邪魔《じゃま》して、何をやりたいと思ってるんだい?

里村　私どもには、自民党の邪魔をしているという意識はまったくないのです。

菅義偉守護霊　いや、もっと公明党と張り合うなら分かるけど、なぜ自民党と張り合うんだね?

里村　別に、自民党と張り合っているわけではありません。

松島　自民党は、日本をどのような国にしたいと思っていらっしゃいますか。

菅義偉守護霊　いや、憲法改正。あなたがたと考えてることは一緒《いっしょ》ですよ。

松島　しかし、選挙のときは、いつもそういう話題は載《の》せませんよね？

菅義偉守護霊　そらあ、私たちは〝大人の政党〟で、あなたがたはまだ〝子供の政党〟ですから。

松島　確かに、まだ国会議員はいないという状況《じょうきょう》です。

ただ、私たちは、「自民党の政権はもう終わっている」ということで、二〇〇九年に旗揚《はたあ》げしたわけです。実際に、一回終わりましたよね？（注。二〇〇九年の衆院選において、自民党は大敗し、民主党〔現・民進党〕が政権与党《よとう》となった）

菅義偉守護霊　だから、あんたがたが「終わってる」と言っても、今、安倍政権はね、不動の地位を確立していて、国民支持率もずっと高いんですよ。

里村　不動の地位を確立されているのであれば、幸福実現党を「選挙違反」ということに絡めなくても……。

菅義偉守護霊　いや、だからねえ、私の仕事は、そういった芽を摘《つ》んでおくことですから。

里村　芽を摘む?

菅義偉守護霊　うーん。

里村　逆に言うと、ある意味で、幸福実現党の可能性を認めていらっしゃるわけですね。

菅義偉守護霊　まあ、可能性は今のところはないと思ってるけど、言論力があるのは私も知ってますから。

里村　なるほど。言論力にもう一つ加えて、これは、私どもが、マスコミの記者から聞いた話ですが……。

菅義偉守護霊　あんたがた、記者とパイプなんかあるんだ？

里村　あります。

菅義偉守護霊　ほお……。

里村　それによると、「今回の選挙違反案件が、官邸のほうから出ている。そういう力が働いていると、今、もっぱらの評判になっている」という話です。

菅義偉守護霊　ああ、そう。それ、あんたがたが怪《あや》しげな霊言《れいげん》を出したから、そうなってんじゃないの？（前掲《ぜんけい》『幸福実現党本部 家宅捜索《そうさく》の真相を探《さぐ》る』参照）

里村　怪しげなものではありません。リーディングでは、そういう考え方が出ていますが、まったく別個に、永田町《ながたちょう》周辺でもそういう話が出ているのです。

菅義偉守護霊　ふーん。それなら、リーク（情報漏洩《ろうえい》）した人を突《つ》き止めなきゃいけないね、私としては。

里村　官邸のほうからリークした人ですね。ということは、それは事実ですか？

菅義偉守護霊　うーん……。

だから、君たちは、なぜ幸福実現党を立ち上げて、勝てもしない戦《いくさ》に何度も臨《のぞ》み、ここまで、ある意味、同じ保守の党である自民党の邪魔をしているのか。

自民党の「北朝鮮《きたちょうせん》や中国への方針」は七年間変わっていない

松島　今朝《けさ》も北朝鮮《きたちょうせん》のミサイル実験があったと思うんですけれども、安倍さんのコメントは九年前から、ずっと変わっていないですよね？

菅義偉守護霊　うーん……。

松島　二〇〇九年に私たちが幸福実現党を旗揚げしたときから、自民党の方針としては、何ら変わっていないわけです。そして、事態はどんどん悪くなっています。

菅義偉守護霊　事態は悪くなってるかい？

松島　そうじゃないですか？

菅義偉守護霊　いや。民主党（現・民進党）政権に比べりゃ、だいぶよくなってるじゃないの？

松島　そうではなくて、北朝鮮なり中国の状況がどんどん悪くなっています。

菅義偉守護霊　だから、そこに対処するために、私たち〝大人の政党〟がねえ、ちゃんと本音と建前を分けて発信していなければ……。

松島　（私たちは）あなたの言う〝大人の政党〟が〝大人の政党〟の仕事をしないから、旗揚げしたんじゃないですか。

菅義偉守護霊　いや、あんたがた〝子供の政党〟は子供のことしかやってないから、私たちは〝大人の政党〟として大人の発言をしてるの。

「幸福実現党を潰《つぶ》す」指示をしたことを認めた菅氏守護霊

里村　まあ、今日は、どんどん見解をお伺《うかが》いしたいので、先に行きたいと思います。

今、北朝鮮の話が出たので、お訊きしたいのですけれども、先日（二〇一六年八月三日）も幸福実現党の家宅捜索のときと前後して、北朝鮮のミサイルが発射されています。

菅義偉守護霊　そんなの知らないよ。私に訊かれても。

里村　そして、今回も、実は、昨日《さくじつ》（二〇一六年八月二十三日）、捜査をやっている側のほうから、「事情聴取《ちょうしゅ》をしたい」という話がありました。

菅義偉守護霊　うーん。

里村　その翌日にまた、北朝鮮のミサイルが発射されました。私どもは、立党のときから、この北朝鮮のミサイル発射問題が出発点にございます。そういう意味では、幸福実現党は、日本の安全や平和を本当に真剣《しんけん》に、どこよりも考えているわけですが、「その政党を潰《つぶ》す。その政党に旗を降ろさせる」という目的で、今回の選挙違反に関する事実上の指揮を執《と》っていらっしゃるんですか。

菅義偉守護霊　うーん……。いや、だから、あんたねえ、「指揮」って言うけどねえ、幸福実現党は必要とされてないんだよ、世間《せけん》から。

佐藤　ちょっと話を変えないでいただけますか。

菅義偉守護霊　うーん。

佐藤　先ほど、幸福実現党の捜査に関連して、「幸福実現党の芽を潰す」ということをしなければいけないと、ご自分でおっしゃいました。

菅義偉守護霊　（笑）うーん。

佐藤　これは、リークではないですよ。今、この場で、あなたがおっしゃいました。それで、話を変えないでいただきたいんですが、それは、「『捜査機関を使って幸福実現党を潰す』という指示を、あなたがしておられる」ということですか。

菅義偉守護霊　うーん……。

佐藤　話を変えずに、答えていただきたい。

菅義偉守護霊　いやあ、だから、本来は自民党が話すべき政策だよな。

佐藤　ええ。だから、話を変えずに……。

菅義偉守護霊　それを、なぜ幸福実現党が発信して、自分らの手柄《てがら》のごとく言っておって……。だから、日本は民主主義であるけれども、「空気の支配」でちゃんと支配しとるんでね。私としては、今のまま自民党が安定していければいいんだけども、幸福実現党の言論力のところを見たら、一パーセントぐらいの危険性は感じている。

佐藤　それで、そのために……。

菅義偉守護霊　その言論に賛同する……、まあ、大川隆法に賛同なのか、言論に賛同なのか、もしくは、それなりの危機が生じたときに賛同するのかは分からないけれども、「徐々《じょじょ》に、（幸福実現党所属の）地方議員も誕生している」という話も情報としては入っているので。

あと、今回の参院選で、思ったより得票数を伸《の》ばしているのも気になったんですよねえ。なんで、そんなに得票数を伸ばしたのか、私、今調査中なんですけども。

佐藤　ということは、今、間接的に、「だから、自分が指示をしたという理由を述べられた」と、伺ってよろしいですか。

菅義偉守護霊　うーん……。まあ、私はね、常に首相を護《まも》らなければいけないので。

佐藤　やはり、「首相を護るために、そういう指示をしたのだ」と、間接的にお答えいただいたと伺えばよろしいですか。

菅義偉守護霊　うーん……、いや、だから、「私が首相を護る」ってことは「国を護ること」につながるわけで、「国民を護ること」につながるわけですからね。

佐藤　はい。「だから、そういう指示をした」と。

菅義偉守護霊　だから、「今、幸福実現党は必要ない」と見ている国民が多いわけですから、私はその代わりに、指示をしてるわけですよ。

3　幸福実現党の捜査《そうさ》を「終わらせるつもりはない」

「捜査を終わらせるかどうか」の試金石《しきんせき》は今後の補選や地方選の動き

里村　菅官房長官《かんぼうちょうかん》の守護霊様、国民の支持等については、またあとでお話をお伺《うかが》いしたいんですけれども、一つ、重要な点をお訊《き》きしたいと思います。

実際、捜査《そうさ》の現場で、私どもの関係の弁護士もやりとりしていますので、そこで聞く話によると、どうも、捜査側も、今は、「もうそれなりに、早く決着をつけたい」という気持ちが少し見える……。

菅義偉守護霊　それは無理でしょう。それは無理ですよ。

里村　そうではないわけですか?

菅義偉守護霊　（笑）そんな、そんな……。

里村　ほお。終わらせない？

菅義偉守護霊　終わらせるには、あんたがたが旗を降ろさないかぎり、終わらないじゃないですか。だって、何のために、今回、あんたがたを逮捕《たいほ》したと思ってるの？

里村　何のためでしょうか。

菅義偉守護霊　うん？　だから、その目的を遂行《すいこう》するまでは続けますよ、そりゃ。

里村　目的というのは、旗を降ろす以外に、例えば……。

菅義偉守護霊　だから、「保守政党は自民党以外要《い》らないんだ」って。保守政党はね、真正保守は自民党でいいんですよ。あんたがたの、釈《しゃく》党首をはじめとする幸福実現党はね、もう少し自民党を応援《おうえん》する側としてなら、存在の位置づけは認めてやってもいいけども。

里村　そうすると、具体的にお伺いしますと、捜査の最終段階で逮捕されたのは、幸福実現党の職員ではございません。

菅義偉守護霊　今はね。

里村　えっ？　「職員の逮捕を考えている」ということですか。あなたは、「逮捕すべきだ」と……。

菅義偉守護霊　うーん、いや、そりゃあ、あんたがたの「これからの動き方次第《しだい》」ですよ。

里村　ほお。

菅義偉守護霊　だから、まず補選（衆院東京10区・福岡6区補欠選挙）があるでしょう、今度。ねえ？　小池《こいけ》（百合子《ゆりこ》）さんが……。

里村　はい。十月に、東京と福岡《ふくおか》で。

菅義偉守護霊　そのへんが一つ、まずは「試金石《しきんせき》」でしょうねえ。勾留《こうりゅう》期限が九月五日にあるけども……。

里村　はい。「幸福実現党が、そこに向かって候補者を立てるかどうか」が一つの試金石？

菅義偉守護霊　そう、そう、そう、そう。だから、今回の件が、どのくらいね、あなたがたにとって、気持ちを切り替《か》えるというか、実現党としての「今後のあり方をどう変えるか」を、私は見ているわけですよ。

里村　なるほど。それが具体的な、「旗を降ろす」ということの第一歩というか、行動で示すと……。

菅義偉守護霊　そんな一気に党を解消はしないと思ってますよ、私だって、そんなことは。

だから、まず、目先の、こっちの気になる補選、ここらへんをどうするか。また、地方選挙をどうするか。このへんは見てますね。

幸福実現党の政治参加を止《と》めようとするのは「憲法違反《いはん》」

松島　それこそ、「民主主義への罪」じゃないですか。

菅義偉守護霊　なんで罪なんだよ。

松島　政治参加を止《と》めようとしているわけですよね。

菅義偉守護霊　だって、あんたがた右翼《うよく》みたいなもんじゃないですか。

松島　はい？

菅義偉守護霊　あんたがた、右翼みたいな人を取り締《し》まるのが、私たちの仕事です。

松島　取り締まるんじゃなくて（苦笑）、政治参加を止めようとしてるわけですよね。

菅義偉守護霊　必要とされてないんですよ、政治参加に。

松島　いや、それはあなたの見解であって……。

菅義偉守護霊　国民から政治参加を必要とされてないんですよ。

松島　憲法違反《いはん》ですよね。

菅義偉守護霊　うーん……。

幸福実現党への捜査《そうさ》は「九月五日で終わらせるつもりはない」!?

里村　具体的に申し上げますと、要するに、今回の公職選挙法違反というのは、犯罪

●憲法違反　日本国憲法には、「すべて国民は、法の下《もと》に平等であって、人種、信条、性別、社会的身分又は門地により、政治的、経済的又は社会的関係において、差別されない。」（第14条）とあり、「政治参加の自由」も保障されている。

としての被害《ひがい》、あるいは、少し難しい言葉で言うと、保護法益（法によって保護される利益）というものがないにもかかわらず、これだけの長期にわたって異例な拘束《こうそく》を続け、さらに、関係者を呼び出して……。

菅義偉守護霊　だから、あんたがたもそろそろ分かるでしょう。「異例捜査《そうさ》」ぐらいは。

里村　そうです。いや、これは私だけではありません。

菅義偉守護霊　そうしたら、感じ取りなさいよ、われわれが何を言おうとしてるのか。

佐藤　そうしますと、今、ご自分で言われましたけれども、九月の五日が一つの節目《ふしめ》です。

菅義偉守護霊　うーん。

佐藤　再逮捕された方の勾留期限です。そこをどうするつもりですか。

菅義偉守護霊　（笑）そんなの、別の理由をつけて、逮捕なんか、し続ければいいじゃない。

佐藤　いや、つまり、補選というのは十月（二十三日投開票）ですね。だから、補選の体制に入る前に、九月五日が来るわけですが……。

菅義偉守護霊　だって、私たち、あんたがたの情報は持ってるんだからね。あんたがたが補選で動き始めれば、もう分かってますから。

佐藤　では、「九月五日の段階で、補選に動いていれば、もう一度、別の逮捕をして、引き伸《の》ばす」ということですか？

菅義偉守護霊　いや、もともと、もう一度逮捕しようと思ってますよ。

佐藤　はい？

菅義偉守護霊　逮捕自体は、もう一回、再逮捕は考えてますよ。

里村　別件で？

菅義偉守護霊　もう終わらせるつもりはないですよ。

里村　終わらせるつもりはない？

菅義偉守護霊　うん。

佐藤　では、「九月五日では終わらせない」と決定しているということですか?

菅義偉守護霊　終わらせないつもりです。

これだけ「不当な逮捕《たいほ》」をされたら、普通《ふつう》の党は旗を降ろす?

里村　そういう考え方、要するに、先に「有罪ありき」という考え方というのは、非常に長期的な拘束も含《ふく》めて、「憲法違反」だと思われますけれども。

菅義偉守護霊　何が悪いんですか。あんたがたは知らないけど、国っていうのは、そうやって成り立ってるんですよ。

里村　ほお。そうすると、官房長官が考えられる体制を護《まも》るためには、「憲法違反も辞さない」という覚悟《かくご》でされているわけですね。

菅義偉守護霊　うん？　「憲法違反を辞さない」と言われたら、それは問題でしょう。

里村　ただ、基本的に、「逮捕《たいほ》されている方々は、容疑を認めている」という報道があります。

菅義偉守護霊　うん。

里村　しかも、案件も、言っては何《なん》ですけれども、「五万円」という案件です。

菅義偉守護霊　まあね。だから、その事態からしたら、あんたがたが取るべき行動も一つしかないでしょ？

里村　ほお。

菅義偉守護霊　それが、まだ分からないの？　だから、それが子供だって言ってるの、あんたがた。

普通《ふつう》ならね、普通の党だったら、もう、ここまでやられたら、「これ以上は勝ち目はない」と思って、そろそろ旗を降ろすんですよ。何をそんなに粘《ねば》っとるんだ、あんたがたは。うん？

里村　私どもから言わせると、これだけの〝不当な逮捕〟をやっていながら、あるいは、勾留を……。

菅義偉守護霊　いや、逆ですよ。これだけ不当な逮捕をやってるんだから、そのくらい、あなたがたがやってることに対して、自民党……、まあ、そうだな、だから、政権が、危機を感じてるっていうことですよ。

里村　ああ、そのこだわりは、そこから来てるわけですか。

菅義偉守護霊　うん。だから、中国や北朝鮮《きたちょうせん》の動きが活発化すればするほど、あなたがたはマークされとるんですよ。今こそ、自民党が支持率を上げるチャンスなんですよ、あの二つの案件はね。

里村　ほお。

菅義偉守護霊　あんたがた、邪魔《じゃま》なんですよ、はっきり言って。（自民党の）支持率を上げるために。

里村　どうも、そこは少し、私どもの考えているところと、ねじれがあるようなんですけれども、もう少し、今回の件でお伺いしたいと思います。

そうすると、いろいろな法律で、例えば、刑法《けいほう》で、あるいは刑事訴訟法《そしょうほう》等で決められている決まりがあります。逮捕からの勾留期限もその一つです。しかし、もう、「あらゆる手段を使って逮捕を繰《く》り返そう」、あるいは、例えば、「在宅のままで話を聞き続けるという手段を通じて、長期化させよう」と思っていらっしゃるということですか。

菅義偉守護霊　だから、「結論が出るまで長期化しますよ」って言ってるんです、最初から。

里村　だって、結論はもう出るんです、九月五日に。

菅義偉守護霊　違《ちが》う。「あなたがたの結論」ですよ。分かってください。分かるでしょう？　そのくらい。

●勾留期限　勾留とは身柄を拘束する処分のことで、被疑者の勾留期間は10日間。なお、やむをえない場合、さらに10日以内の延長を認める場合もある。

官房長官《かんぼうちょうかん》が一言《ひとこと》言えば、「警視総監《そうかん》」にも「検察」にも伝わる

佐藤　そうしますと、官房長官《かんぼうちょうかん》が指示をしているのは誰《だれ》ですか。誰に対して、指示を出しているんですか。

菅義偉守護霊　いやあ、周りですよ。

佐藤　「周り」といいますと？　もっと具体的に教えていただけませんか。法律上は官房長官が直接、捜査機関に指示をすることはできないことになっています。

菅義偉守護霊　ないです。

佐藤　法律的には、そうですね。だけど、「政治的に指示をしておられる」という趣《しゅ》旨《し》だと思います。具体的に、周りの誰に指示をしているんですか。

菅義偉守護霊　なんで、そんなこと、あんたに言わなきゃいけないんだよ。うん？

佐藤　お訊きしているんです。

菅義偉守護霊　うーん……。いや、私たちが、直接指示を出さなくともね、麻生《あそう》（太《た》郎《ろう》）さんとか、周辺との話し合いのなかで感じ取ってくれるんですよ。会議のなかでね。

佐藤　麻生さんが感じ取っても、捜査機関には指示はできませんね。

菅義偉守護霊　いや、できないけどね。だから、ちゃんと伝わるんですよ、情報は。安倍《あべ》さんだって、私には直接、指示があるわけじゃないですからね。

佐藤　誰に情報が伝わるんでしょうか。

菅義偉守護霊　だから、警視総監《そうかん》にはちゃんと伝わってますよ、情報は。

佐藤　では、「あなたが会議のときに話し合っている、あなたの意思が、警視総監に伝わっている」ということですか。

菅義偉守護霊　だから、私が直接指示したら、私に〝足がつく〟でしょう。

里村　ほお。

菅義偉守護霊　そんなことはしませんよ。

佐藤　だから、「どのようにしているのでしょうか」と、今、素朴《そぼく》に伺っています。

菅義偉守護霊　そんなこと言うわけないでしょう。

佐藤　あなたの考え方が警視総監に伝わっても、それは、捜査の方針が決まるわけではありませんね？　検察にも伝わるんですか。

菅義偉守護霊　全部伝わっていきます（笑）。

佐藤　警察庁にも伝わるわけですか？

菅義偉守護霊　警察庁……、伝わるかなあ。まあ、でも、伝わるんじゃないですか。「あの人たち」に伝わってれば。うん、伝わる。

佐藤　どの人たちにですか。

菅義偉守護霊　うん？　さあ。ただ、伝わりますよ。いやあ、私が会議のあとで、ちょっとね、一言《ひとこと》添《そ》えとくだけで、それを理解し、ちゃんと全部、伝わってるんですよ。

佐藤　要するに、直接的に知りはしないけれども、会議のなかで、ちょっと一言、言ったものを、周りの人が忖度《そんたく》して……。

菅義偉守護霊　あんた、明確な指示したら、もう完全にバレるでしょうが（笑）。

佐藤　ええ。「バレないように、忖度したかたちで、例えば、捜査を引っ張るというような判断をしているんだ」ということですか。

菅義偉守護霊　いや、もともと、「引っ張る」という判断をしてますから。変えてませんから、最初から判断を。あんたがたが勝手に言ってるだけであって、私の結論は、もうできるだけ伸ばす方向ですから。

佐藤　「できるだけ、可能なかぎり伸ばせ」という判断を最初からしているのだ、と。

菅義偉守護霊　うん。できるだけ、あんたがたの力を削《そ》がないとね。

4　次期衆院選で菅《すが》氏守護霊が恐《おそ》れていること

アベノミクスを含《ふく》め、「安倍《あべ》政権」は瀬戸際《せとぎわ》に来ている

里村　ほお。その決定というか、意思決定の過程において、例えば、先ほども少しありましたけれども、「先の参議院選挙で、一人区に幸福実現党候補が出たおかげで、自民党候補が、少なくとも四選挙区ぐらいで落ちた」と……。

菅義偉守護霊　いや、そうなんだよね。

里村　そうマスコミが書いて、「それに対して、安倍《あべ》総理、あるいは官邸《かんてい》側が、たいへんご立腹だ」という報道があるんですが、やはり、こうした事情はありますか。

菅義偉守護霊　いや、それは、きっかけにすぎないね。

里村　きっかけにすぎない？

菅義偉守護霊　うん、うん。

松島　私は、神奈川《かながわ》二区の横浜《よこはま》市港南《こうなん》区という、菅さんが選出されている地域に住んでいます。

菅義偉守護霊　ああ、そう。ほーう、ほーう。

松島　二〇〇九年の衆院選があった当時、幸福実現党の選対委員長代理をやっていまして……。

菅義偉守護霊　ああ、そうか。

松島　「三百小選挙区に候補者を立てよう」というところで、最終的に十二選挙区を降ろしました。安倍総理のところもそうですし、小池《こいけ》（百合子《ゆりこ》）さんのところもそうです。

そして、何より、菅さんのところを降ろさせていただきました。

それで、本当に素晴《すば》らしい方だなと思っていましたけれども、菅さん自身は千票に満たないぐらいの差で当選なされたと思います。

菅義偉守護霊　うん。

松島　わが党が候補者を立てていれば、おそらく、いや、百パーセント、菅さんは落選していたと思います。その怖《こわ》さがあるんじゃないですか？　先ほど言われた、わが党に対する怖さとして……。

菅義偉守護霊　いや、ていうか、あんたがたさ、別に、そんな義理は私にはなくてね。私は、もうとにかく、「〝主君〟である安倍首相の任期をどれだけ長くもたせるか」ということしか考えてないので。別に、あんたがたの選挙で、細《こま》かいことがどうだろうと、それが……。まあ、今回、四議席か？　減ったっていうのはけっこう大きかったけどもね。これが次の選挙にどうつながるかを見てるわけですよ。

里村　ただ、官房長官《かんぼうちょうかん》の守護霊様にはお言葉ですけれども、すでに現実に、新聞等のマスコミで「官邸圧力説」が出始めています。

菅義偉守護霊　うーん……。

里村　ですから、「少しでも、〝主君〟の延命のために」とおっしゃいましたが、逆に、これ以上やると、足を引っ張ることになるんじゃないですか。

菅義偉守護霊　いや、だから、今、そこまで（安倍政権は）瀬戸際《せとぎわ》には来てるんですよ、アベノミクスを含《ふく》めて。

里村　ああ、瀬戸際に……。

菅義偉守護霊　うーん。だから、あなたがたに今いろいろ言われてるけども、そろそろ、そのくらい圧力をかけなきゃいけない時期には来てるんですよ。

あんたがたは、最近、（安倍政権が）全体主義だなんだと、また言ってきてるけども。なぜ、あんたがたが見るとそれが全体主義になるのか、ファシストになるのか。安倍さんがまさにヒトラーのように、ね？　あなたがたは今つくろうとしてるけれども、私たちから見たら、政治っていうのはそういうもんですから。

「幸福実現党は自民党のシンクタンクであるべき」？

里村　この場所に来られた霊人《れいじん》で、安倍さんの手法について、「マジック」とか、「イリュージョン」とか、こういうような表現をなさった方がおられました（『橋本龍太郎《はしもとりゅうたろう》元総理の霊言《れいげん》』〔幸福の科学出版刊〕参照）。

菅義偉守護霊　うーん。

里村　要するに、その〝賞味期限〟が切れつつあるという「焦《あせ》り」と、それに対して、「幸福実現党の票が伸《の》びている」とか、「言論的な影響力《えいきょうりょく》が強まっている」とかいうことが、ちょうど今……。

菅義偉守護霊　実現党が消えてくれれば、私たちが実現党の主張をするわけですから。

松島　一方的にそういう見方もありますが、違《ちが》うほうから見ると、まあ、ある意味で、私たち幸福実現党は、安倍さんを一部リスペクトしているところもあるし、後押《あとお》ししているところもあるし、特に言論で言えば、支えているところもあると思います。

二〇〇九年に民主党政権になったとき、私たちも、民主党に対して、デモもかなりやり、間違っているところを糾弾《きゅうだん》しました。

安倍政権になって、それをかなり緩《ゆる》めて、押し上げているところもあると思うのですが、それについては、どのように思っていらっしゃいますでしょうか。

菅義偉守護霊　いや、全然押し上げてないよ、あんたがた。それは一時期の話でしょう？

里村　「押し上げていない」とか、その見方は失礼ですけど。

菅義偉守護霊　あんたがたは、本来、自民党が言うべき主張を勝手に主張してるんですよ。

松島　自民党さんが主張していないから、私たちが言っているんです（苦笑）。

菅義偉守護霊　（幸福実現党は）われわれのシンクタンクであるべきであって、党として主張するのは、何て言うのかな、まだ時期が早いよ、あなたがたは。

里村　いや、幸福の科学は、長年シンクタンク的な立場も取りました。

菅義偉守護霊　そのスタンスに戻《もど》りなさいよ。

里村　ところが、その発信が（自民党から）全然なされなかったんです（笑）。

菅義偉守護霊　それは、こちらの自由でしょうが。

里村　だから、幸福実現党が旗揚《はたあ》げされたんですよ。

菅義偉守護霊　だから、実現党は必要ないと言ってるんだよ。

里村　いやいや！　それは逆です。そもそも、自民党からそのような発信があってしかるべきだと。

菅義偉守護霊　いや、幸福実現党から発信してもしょうがないんですよ。国防に関しても、アベノミクスに関しても、自民党から発信しなければいけないんであってね。

「今回のことを通じて公明党にも恩を売った」と語る菅氏守護霊

里村　もう一つ別な観点から、今回の選挙違反《いはん》案件の圧力についてお訊《き》きしたいと思います。

先ほどから、あなたのお言葉を聞いていると、自民党所属の官房長官というよりも、公明党の立場から見た……。

菅義偉守護霊　公明党は大事ですよ、選挙に勝つ上では。当たり前じゃないですか。

里村　そうですよね。そうすると、公明党の立場からの代弁をしているかのように受け取れます。

菅義偉守護霊　公明党の意見は入れますよ、そりゃあ。「幸福の科学（の意見）を入れるな」って言われてますから。

里村　では、今回の選挙違反案件の圧力の背景には、もう一つ〝公明圧力〟……。

菅義偉守護霊　いや、公明党からずっと来てますよ、そりゃあ。あなたがたが今回票数を伸ばしたのを、公明党はちゃんと把握《はあく》してますから。われわれは、今回のことを通じて、公明党にも一つ恩を売ったことになりますからね。私は、ちゃんと計算してやってるんで。

里村　公明党の山口《やまぐち》代表からのお願いとかですか。

菅義偉守護霊　うーん、山口代表ではないかもしれないけども、まあ、公明党からのお願いですね。お願いは、ずっとありますけれども。

里村　それが非常に強くなってきた？　公明党からのお願いが。

菅義偉守護霊　いつからですか。

里村　例えば、今回、家宅捜索《そうさく》に関するリーディングが行われたときは、「参議院選挙のあとではなくて、ずっと前からなんだ」と。

菅義偉守護霊　そうですよ。

里村　意思決定として、「幸福実現党を、全国くまなく見ろ」と。

菅義偉守護霊　そうですよ。

里村　では、こういう決定には、菅官房長官の主君のためだけではなくて、やはり、公明党からのいろいろな要請《ようせい》もあったと見てよいということですね？

菅義偉守護霊　まあ、要請はあったでしょうね、そりゃあ。要請はあったけど、それだけじゃないですよ、やっぱり。

「五万円の買収だろうが、団扇《うちわ》の〝あれ〟だろうが、何でもいい」

里村　しかし、どうなのでしょうか。それだけ網《あみ》を張って、まあ、こう言ってはなんですが、五万円の運動員買収一件というのは、このあたりは、どうだったのですか。

菅義偉守護霊　うーん。あんたね、五万円の買収だろうが、団扇《うちわ》の〝あれ〟だろうがねえ、何でもいいいんですよ（笑）、公職選挙法っていうのは。違反は違反なんですよ。あんたがたは、責任を取らなきゃいけないんですよ。で、どう責任を取るのか、今、見てるんです。

里村　ただ、仮に犯罪があったとしても、それに応じた刑罰《けいばつ》を受けるわけですよ。そういうものですよね。だから、当然、そのやったことの大小というのはあります。それに対して捜査があまりにも異例で、異常なものになってきたときに、まあ、私が先ほどから言っているのは、「マイナスに働き始めていますよ」ということなんです。

菅義偉守護霊　いや、働いてないですよ。

里村　働いていませんか？　だって、今まで、幸福実現党、あるいは幸福の科学グループを批判するようなことはあっても、決して同じ立場に立たなかった雑誌が今、そのように官邸からの圧力を言ったり……。

菅義偉守護霊　その程度でしょ？　そんな程度でしょ？

里村　そういうことが出てきています。

菅義偉守護霊　だから、そんな程度でしょ？（笑）

里村　だけど、そういうなかには……。

菅義偉守護霊　いいよ別に、そんなの。計算してますから。実現党がそれで旗を降ろしてくれれば、それでいいですから。

里村　ただ、そのなかには、安倍総理が国会でわざわざ名前を挙げた、安倍総理が嫌《きら》いで、悪口を言う新聞紙である「日刊ゲンダイ」なども、そういう見方で、もうすでに書き始めていますよね。

菅義偉守護霊　別にいいです、そんな夕刊紙程度は。

自民党がいちばん恐《おそ》れているのは「次の衆議院選挙」

里村　ほう。では、これからもまだ徹底《てってい》的にやり続ける？

菅義偉守護霊　やりますよ。

里村　例えば、これから、どのようにしてくるのでしょうか。

菅義偉守護霊　いや、だから、まあ、いちばんいいのは逮捕《たいほ》ですけど。

里村　ほお。

菅義偉守護霊　あなたがたが降ろさないんだったらね。逮捕しかないでしょうねえ。

大川隆法　今、補選のところで〝第一次交渉《こうしょう》〟をしているわけですね？　これを乗り切ってまだやるというんだったら、まあ、（質問者に）二〇一八年あたりが次の衆議院選ですか？

里村　はい。

大川隆法　「これで、（幸福実現党に）また三百選挙区以上も立てられたりして（自民党候補者が）負けたら困る」ということで、これをいちばん恐《おそ》れているのでしょうね。やはり、次の段階は、政党の幹部を捕《つか》まえなければいけないでしょうね。

菅義偉守護霊　あんたがたの組織がね、信者が投票してるのは分かってるんで。信者っていうのは、まあ、もとは宗教なんだから、政党の信用さえ失ってしまえば、もうおしまいなのは調査で分かってるから。

里村　ほお。

菅義偉守護霊　あんたがた、支部のほうで〝あれ〟でしょ？　支部というか、あんたがたの信者のなかで政党の支援《しえん》してる人はごく一部だっていうのも、もう情報としてはつかんでますから。だから、どこを潰《つぶ》せばいいか。まず信用を失わせることがいちばんだと思ってるんでね。

里村　なるほど。そこで「選挙違反」ということに目をつけられたわけですね。今、大川総裁からもご指摘《してき》があったように、補選という話も出ましたが、やはり、〝本丸《ほんまる》〟としては次に来る総選挙ですか。

菅義偉守護霊　衆議院選、いつあるか分かんないからねえ。

里村　衆院選ですね。これに対して、また幸福実現党が多く候補者を立ててくるのではないかということも、やはり……。

菅義偉守護霊　いや、もう立てないでしょ？　あんたがた。まだ立てるつもりでいるの？

里村　いや、それは幹事長に訊いていただきたいのですが。

菅義偉守護霊　立てれると思ってるの？

里村　それは、私が答えるわけにはいかないです。（松島に）まあ、答えられる範囲《はんい》内で……。

菅義偉守護霊　立てれると思ってるんだったら、まだ、われわれの追及《ついきゅう》が足りないっていうことですね。

里村　ほお。なるほど。

菅義偉守護霊　「立てれる」と大川総裁が認識しているんだったら、「まだ分かってない」ってことです。

松島　というか、その圧力で、私たちが「立てなくなる」と思っていらっしゃるわけですね？

菅義偉守護霊　思ってますよ。何だかんだ言ったって、宗教法人が本体なのは分かってるんですから。政党の体力がどこまであるか試《ため》してるんですけどね。

里村　試しているわけですね。

そうすると、幸福の科学グループ全体の体力を試している部分もあるのですか。

菅義偉守護霊　いや、宗教法人の体力を奪《うば》うつもりはないですよ、別に。今のところは。

里村　ああ。宗教法人のほうを潰すつもりはない？

菅義偉守護霊　ただ、宗教法人が、選挙や政党のほうに支援している部分に関しては追及していきますよ。

幸福実現党が粘《ねば》る理由が分かっていない菅氏守護霊

里村　では、総選挙の話と絡《から》めてお訊きします。総選挙に向かっての体制というのも見た上で……。

菅義偉守護霊　情報なんか来ますからね。総選挙で、あなたがたがどういう体制を組もうとしているかぐらい。あんたがた、情報を流してるでしょ？　普通《ふつう》に支部に。なので、すぐ情報が流れますから、こちらには。

里村　それが入ってくるわけですね？

菅義偉守護霊　あんたがたが、どう体制を組んでるか分かってますから。

里村　「次の選挙について、どういう体制を組むか」ということが……。

菅義偉守護霊　補選にしてもね。

松島　宗教家という立場から言えば、そういう「逮捕や迫害《はくがい》があると、もっと燃える」という体質があるということはご存じですか。

菅義偉守護霊　いや。あんたがた、燃えてないから大丈夫《だいじょうぶ》ですよ。

松島　いや、今の話を聞いたら、全国のみなさん、燃えますよ。

菅義偉守護霊　いや、今回、分かった。逮捕したときのあの反応を見て、これなら、まだまだ全然……。

松島　いや、これが一回目だからですよ。

菅義偉守護霊　いや、あなたがたは、何て言うの？　あなたがたで言うと、講談社のがあったでしょ？　〝講談社事件〟っていうのか？　あんたがたは。〝フライデー事件〟っていうのか？　あれまで行くと、さすがにちょっと〝あれ〟だけども、そんな体力はないの分かってるから、調査でね。

いっぱい抱《かか》えてるじゃゃん？　あんたがた、それ以外の案件を。政治だけやってるんじゃないのはよく分かってるから。だから、あんたがたがどこまで反撃《はんげき》できるか、こっちはもう計算してるんですよ。

里村　ほお。

菅義偉守護霊　この程度の反撃で、予想どおりの反撃をしてきてるので、あとは、ど

●フライデー事件　1991年、講談社が週刊「フライデー」誌上などで、捏造に基づく悪質な記事を連続掲載し、幸福の科学を誹謗・中傷。それに対し、精神的苦痛や風評被害を受けた信者たちが、信仰心に基づき抗議した出来事。

こで降ろすかを見てて。
ただ、なかなか粘《ねば》っとるので。その粘ってる理由がよく分からないんだけどね。

里村　ほお、なるほど。「フライデー事件」のような、ああいうふうな……。

菅義偉守護霊　にはならない。絶対ならない。

松島　粘っている理由は、「自民党が駄目《だめ》だから」に決まっているじゃないですか。

菅義偉守護霊　それは、あんたがたの勝手な論理でしょ?

松島　いや、勝手な論理かもしれませんが、それで粘っているんです。

菅義偉守護霊　もし、それが国民に理解されてるんなら、あんたがたの票数はもっと伸びるはずですよ。票数が伸びないっていうことは、あんたがたは国民の理解を得られてないということ……。

松島　ええ。だから、今回、伸びたじゃないですか。

菅義偉守護霊　自民党のほうが（国民の）理解を得てるっていうことですよ。

松島　現時点では、ですね？

菅義偉守護霊　うん。

松島　二〇〇九年の時点で、駄目出しされたじゃないですか。

菅義偉守護霊　誰《だれ》に駄目出しされたんですか。

松島　国民にですよ。

菅義偉守護霊　ああ、国民……。二〇〇九年の話？

松島　ええ。民主党政権になったとき、自民党さんは何も言えなかったじゃないですか。

菅義偉守護霊　でも、民主党になって、ひどい状態になって、経済も悪化して、国防も目茶苦茶《めちゃくちゃ》になって、それで安倍政権が立ったんじゃないですか。

松島　そもそも、自民党さんが駄目だったから、こうなったんでしょう？　二〇〇九年に。

菅義偉守護霊　安倍政権は、いちおう、あんたがたの考えを入れてあげてるんだから。

5 安倍《あべ》政権はなぜ〝宗教弾圧《だんあつ》〟をするのか

「蓮舫攻撃《れんほうこうげき》をやってくれるなら、少し考えてやってもいい」

里村　先ほどの、「アベノミクスなどの〝賞味期限切れ《しょうみきげんぎ》〟が出てきている」ということと、もう一点、民進党の……。

菅義偉守護霊　いや、賞味期限……。まあ、いいや。

里村　民進党の代表選が九月に行われます。今、下馬評《げばひょう》では、「蓮舫《れんほう》氏が代表になるのではないか」と、もっぱら言われておりますけれども、このへんも何かありますか。

菅義偉守護霊　あんたがたが、もし蓮舫攻撃《こうげき》をやってくれるんなら、少し考えてやってもいいけどね。

里村　(笑)でも、私たちの口がうるさくてしょうがないんでしょう？

菅義偉守護霊　総裁が、「いや、蓮舫は実は、あんな玉ではなくて、とんでもないやつだった」っていう霊言《れいげん》でもしてくれてね、あっちの票数を落としてくれるんだったら、多少、緩《ゆる》めてやってもいいけどね。

里村　多少、緩めてもいいんですか(苦笑)。今の捜査《そうさ》の〝あれ〟をですね？

菅義偉守護霊　うん。多少ね。

要するに、言論機関として、われわれの応援《おうえん》に立つんだったら、私たちは、あんたがたを……、まあ、「護《まも》る」っていう言い方じゃないな。あんたがたに対しては、これ以上、介入《かいにゅう》はしませんよ。

「あんたがたが言うと、そのとおりに流れていくから面白《おもしろ》くない」

菅義偉守護霊　ただ、あんたがた、うるさいから。だから、党がなければね……。

里村　先ほどもおっしゃっていましたが、やはり、「うるさい」というところが……。

菅義偉守護霊　まあ、一部の識者とか、あんたがたに賛同している人がいるんでね、やっぱり。

里村　ああ……。

菅義偉守護霊　あと、なぜか、あんたがたが言うと、そのとおりに流れていくから。

里村　はい。

菅義偉守護霊　これが面白《おもしろ》くないのよ、はっきり言ってね。

松島　それは、「国民の声」ということではないですか。

菅義偉守護霊　国民の声なのか、うーん……。

本来、あんたがたが自民党に策を献上《けんじょう》して、政策を上げていただいて、それをわれわれが発信すればいいじゃないか、シンクタンクとして。

大川隆法　少なくとも、例えば、この前、リニアモーターカーの前倒《まえだお》しをすることを決めましたよね？

菅義偉守護霊　そう、そう、そう、そう。

大川隆法　三兆円だか何だか知りませんが、「前倒しして、少し早くする」ということを決めましたし、防衛省のほうは、ミサイルですか。

菅義偉守護霊　そうそう。

大川隆法　三百キロぐらいの射程のミサイルを開発するようですね。まあ、尖閣《せんかく》まで百七十キロぐらいですから、尖閣を護れる新型ミサイルの開発に入って、予算を増額しようとして動いています。

沖縄《おきなわ》（選挙区）では、自民党候補を応援せず、幸福実現党で独自に立てたせいで、よけいに負けが多かったのかもしれないけれども、それでも、沖縄問題で粘《ねば》れているのは、当会のほうが言い続けていることとも関係はあると思います。

安倍《あべ》内閣は〝嫉妬《しっと》内閣〟であり〝低偏差値《ていへんさち》内閣〟

大川隆法　何より、私は、アベノミクスに対しても、「駄目《だめ》です。失敗です」と言っています。

また、「今は、統計ではいい数字が出ているように見えても、選挙が終わったら悪い数字が出てきますよ」と言ったところ、そのとおり、四～六月期の成長率は〇・〇四パーセントでした。事実上、ゼロパーセントですよね？

ですから、アベノミクスがまったく効いていないということが分かるわけです。結局は、「あの（消費税率の）三パーセント上げが大失敗だった」という、最初に私たちが言っていたとおりの結論になっただけです。

（菅義偉氏守護霊に）本当は悔《くや》しいのでしょう？

菅義偉守護霊　面白くないんだよ。

里村　面白くない？

菅義偉守護霊　面白くない。

大川隆法　これは、けっこう〝嫉妬《しっと》内閣〟なんですよ。見ていると、（幸福実現党と）同じことをするんだけれども、やはり、嫉妬する傾向《けいこう》がすごく強いのです。

これは、〝嫉妬内閣〟と〝低偏差値《ていへんさち》内閣〟ですね。執行部《しっこうぶ》系が、憲法をまったく知らないようなので。まったく無視しているのです。どうも、本当に能天気にやっているらしいですね。

憲法改正手続きを、国民投票での賛成票が二分の一ですべて一緒《いっしょ》に変えられるぐらいに思っていたのと同じように、もう、今していることが何に当たるかは、気にもしていないらしいですね。

里村　ええ。

大川隆法　これは、ある意味では〝すごい〟ことですよ。

里村　幸福実現党は、そういったところに、また、亡国の危機を見ているわけなんですよね。

菅義偉守護霊　うーん……。うん？　いやあ、「見ている」のはいいけどね、「黙《だま》っとれ」って感じだよ。

里村　「黙っとれ」？　あの、それが……。

菅義偉守護霊　あんたがたに発言権があるなら、議席を取ってからにしなさいよ。

里村　ほう。

菅義偉守護霊　発言権は議席を取ってからですよ。

「言論統制は、ある程度必要ですよ」

大川隆法　幸福実現党は要《い》らないと言うなら、靖国参拝《やすくにさんぱい》ぐらいしなさい。すぐ隣《となり》にあるんですから（笑）。

そんなこともできないぐらい、勇気がなくては困るではないですか。

菅義偉守護霊　稲田《いなだ》（朋美《ともみ》）防衛大臣も行かなかったでしょ？　今回。

大川隆法　逃《に》げましたね。

菅義偉守護霊　だから、行っちゃいけないんです。こういうことができるのが自民党なんですよ。

大川隆法　（笑）

菅義偉守護霊　ちゃんと官邸《かんてい》からね、官邸っていうか、ちゃんと指示が行ってる。そんなね、個人の自由、政治思想の自由で動かれちゃ困るんですよ。困りますよ。

里村　今、「政治思想の自由」を否定されましたけれども。「それが全体主義だ」と言っているんですよ。

菅義偉守護霊　あなたも「マスコミ学」っていうのを提唱してるんでしょう？　われわれも、「マスコミ学」を提唱してるんですよ。

大川隆法　だんだん習近平《しゅうきんぺい》に似てきましたね。

菅義偉守護霊　そうですか？　ふうーん。じゃあ、それ……、ええ？　そうですか？

里村　これは、官邸側からの圧力だけではなく、マスコミのほうにもあるのですが、一緒になって、どんどんどんどん言論統制のほうに行っています。

菅義偉守護霊　いや、言論統制は、ある程度必要ですよ。それは、やっぱり。

里村　必要ですか？

菅義偉守護霊　必要だよ。

里村　しかし、民主主義の健全性を保つためにも……。

菅義偉守護霊　だから、共産党とか、あんなねえ？　民進党か。民進党も含《ふく》めて、あんなのにねえ、国民がなびくようにしちゃいけないじゃないですか。

里村　（苦笑）ですから、その考えが全体主義だというようように、私どもは一部、批判をさせていただいているんですよ。

「早く『第三の矢』を発信しろ」と迫《せま》る菅氏守護霊

菅義偉守護霊　あんたがたは、そうやって、全体主義とか、さっきのようにヒトラーにたとえて悪く見せるけども、これがねえ、国が発展・繁栄《はんえい》する道筋《みちすじ》なんですよ。

松島　（苦笑）繁栄・発展してこなかったではないですか。

菅義偉守護霊　してますよ。今、いちおう何とかギリギリ……。

松島　一九八九年以降、二十六年間、全然、発展していないではないですか。

菅義偉守護霊　そんなところから……。

松島　これは自民党さんのせいではないですか。

菅義偉守護霊　うーん……。

松島　日本の尊厳は失われ、国防も悪くなり、経済も全然発展しなくて、それで、どこが発展しているんですか。

菅義偉守護霊　いや、民主党（政権）よりはいいから、いいじゃないか。

松島　「民主党よりもいい」とおっしゃいますが、それでは駄目だから、幸福実現党が立党したんじゃないですか。

菅義偉守護霊　政治は完璧《かんぺき》を求めちゃ駄目なんですよ。だから、妥協《だきょう》の産物……。

松島　完璧ではなくてもいいから、二十年間で、普通《ふつう》の国程度に、ＧＤＰ二倍ぐらいにはしてくださいよ。

菅義偉守護霊　いや、そうしようと思ったんだけど、今、うまくいかなくて困っとるんじゃないか。

里村　（苦笑）

松島　二十何年間、ずっとできなかったでしょう？

菅義偉守護霊　今、うまくいかないで困ってるんだ。

松島　もう、みなさん、実績のない人間ばかりではないですか。

菅義偉守護霊　あんたがたが教えてた政策……、うん？　何だよ。

松島　「発展させない経験」というか、そういう実績しかない人ではないですか。

菅義偉守護霊　そもそも、あんたがたは、「第三の矢」で止《と》めただろう。（オピニオンとして）発信しろよ、「第三の矢」を、早く。

大川隆法・里村　（笑）

松島　恥《は》ずかしくないですか。

菅義偉守護霊　あんたがたが「第三の矢」を発信しないから、（アベノミクスの）「第三の矢」がなくなっちゃったんだよ。

里村　では、幸福実現党を潰《つぶ》すのをやめてください。

菅義偉守護霊　「弓」は構えたけど、「矢」がなくなっちゃったよ。あんたがたが「第三の矢」を出さないからさ。

里村　いや、ですから、潰すのをやめてください。

菅義偉守護霊　いや、だから潰すんだ。だから、早く「第三の矢」を出せよ。そうしたら、シンクタンクにしちゃう。

松島　恥ずかしくないですか。

菅義偉守護霊　恥ずかしいもない、われわれ……。

松島　聞いている人はみんな、恥ずかしいと思っていますよ。

菅義偉守護霊　うーん……。いや、私はとにかく、この政権を延命させてね、国を護ることが使命だと思ってますから。

松島　国を護れないんですよ、今の政権では。

菅義偉守護霊　別に私は、どうなろうと構いません。

「問題を上手に隠《かく》しながらやるのが政治」？

里村　地上にいらっしゃる官房長官《かんぼうちょうかん》は、行くところ行くところで、ＧＤＰの話はせず、有効求人倍率の話ばかりしています。

菅義偉守護霊　そうですよ。

里村　「有効求人倍率が、沖縄を含めて、全都道府県で一・〇倍を超《こ》えた。こんなのは史上初だ！」と言っていますが、肝心《かんじん》のトータルのＧＤＰはどうなのかと言えば、全然上がっていく気配《けはい》がありません。

菅義偉守護霊　そんなの言ったら、問題が見えちゃうに決まってんじゃないか。

里村　そうですよね。

菅義偉守護霊　それは隠《かく》しながら政策を発表……。安倍《あべ》首相だってそうだったでしょ？

里村　なるほど……。

菅義偉守護霊　参院選挙期間中に。うん。注目すべきところと、上手に隠しながらやるところと。それが政治ですよ。何を言ってるんですか。何にもおかしいことは言ってないですよ、私は。

里村　それが〝大人の政治〟というものだということですね。

「〝おいた〟が過ぎると痛い目に遭《あ》いますよ」という脅《おど》し

里村　でも、それはもう、民主政治ではないですよね？

菅義偉守護霊　「民主政治じゃない」とか、言葉として言われるのは自由ですけど、実際、政治を行《おこな》ってるのは私たちなので。

あなたがたが、ワアワアいろいろね？　憲法違反《いはん》だなんだと言うのは自由ですけども、ただ、権力を握《にぎ》ってるのはこっちなんですから、あまり、〝おいた〟が過ぎると、党首はじめ、痛い目に遭《あ》いますよ？

佐藤　それは具体的にどういう意味ですか。

菅義偉守護霊　そんなのは知りません。何か、いろんな手を考えるでしょうね。私が細《こま》かく考えるわけではありませんから。私は指示を出すだけです。

佐藤　（菅官房長官が）「痛い目に遭わせろ」と指示を出すだけで、それを受けた人が、具体的方法を考えるだけだということですか。

菅義偉守護霊　それが官房長官筋から来てる指示となれば、自分のクビがかかってますから。

大川隆法　要するに、戦前のように、警察が特高《とっこう》化するのでしょう？

●特高　特別高等警察のこと。戦前、反体制活動を取り締まるために設置され、思想や言論、政治活動を弾圧した。

菅義偉守護霊　そうですよ。

大川隆法　そういうことでしょう？（笑）ご禁制に触《ふ》れると。

菅義偉守護霊　だから、あなたがた、大本教《おおもときょう》の弾圧《だんあつ》の本を出してたけど、よく勉強してるじゃないの（『艮《うしとら》の金神《こんじん》と出口《でぐち》なおの霊言』〔幸福の科学出版刊〕参照）。

政権に反する思想を出すってことは、どういうことになるのか、最近、勉強したんでしょう？　もっとよく勉強しなさいよ。

幸福実現党も公明党も「票数によって上手に利用する」

佐藤　法を超えて、そういう無茶《むちゃ》なことをやると、必ず反作用があるということを、あなたは勉強していませんか。

菅義偉守護霊　反作用、何かありますか。

佐藤　「ない」というようにお考えですか。

菅義偉守護霊　だから、権力があれば、「ない」と思います。マスコミも握ってます。

大川隆法　ああ。

菅義偉守護霊　だから、あなたがたは、もう少し信者数を増やして、票数として、ある程度ね、公明党ぐらいの勢力を持つなら、また、私は考え方を変えますけどね。

今のあんたがたの中途半端《ちゅうとはんぱ》な票数で……。もっと少ないか、もっと多いかのどっちかなら、まだ考えてもいいけども、あんな百万ぐらいを取るならね、いちばん面倒《めんどう》くさいんですよ。

里村　なるほど。そこが次の論点なんですけれども。そうすると、票の集まり具合で、今の「潰す」という関係から、逆に、「宥和《ゆうわ》」というか、「協力関係」のほうに行くわけですか。

菅義偉守護霊　宥和というか、まあ……。

里村　協力関係？

菅義偉守護霊　「協力関係」っていう言い方はよくないですね。「上手に利用する」っていう言い方のほうがいいですかね。

里村　「利用」ですか。

菅義偉守護霊　うん。まあ、（水滸伝《すいこでん》の）梁山泊《りょうざんぱく》のたとえにあるようにね、ちゃんと利用するんですよ。

里村　そうすると、今の公明党は、あくまで「票」ということで……。

菅義偉守護霊　公明党はそうですね。

里村　利用しているわけですね。

菅義偉守護霊　そうですよ。やっぱり、政権を維持《いじ》するためには必要ですから。だから、あんたがたも公明党並みの票を持てば、また考えますよ、そのときは。

里村　ほう。

安倍《あべ》政権は「なかなか厳しい局面に来ている」

里村　では、そのためにも、幸福実現党を潰さないでください。

菅義偉守護霊　いやあ、だから、もう、無理ですよ。私の分析《ぶんせき》からしても、「政権に入る」っていっても、あと十年ぐらいは、せいぜい、一議席、二議席、行けるか行けないか怪《あや》しいぐらいですから。もう、十数議席とか二十議席は持てませんから。

里村　では、無視していればよろしいではないですか。

菅義偉守護霊　いや、だから、邪魔《じゃま》なんですよ。意見を発信して。

里村　邪魔？

菅義偉守護霊　うん。だから、自民党から発信させるんなら、まだ、いいんですけども。あなたがたから発信されるのはよくない。

里村　でも、先ほどは、「早く『第三の矢』を発信してくれ」とおっしゃって……。

菅義偉守護霊　いや、だから、「われわれに発信してくれ」と言ってるんですよ。

里村　ああ、自民党さんに、内々《うちうち》にということですね？

菅義偉守護霊　「第三の矢」は、あのときのことを言ってるんです。

里村　ああ、安倍《あべ》さんに内々に言ってくれと。

菅義偉守護霊　ええ、だから、何年ごろだったかなあ。何年か前のときに、「第二の矢」まで、あんたがたはちゃんと明確に発信してたけども、「第三の矢」のときに、発信してくれればよかったんですよ。

里村　ですが、「インフラに関する投資をする」など、すでにいろいろと言っていますよ。

菅義偉守護霊　いや、でも、やっぱり、少なかったですよ、発信が。そのあとですよね。リニアだ、何……。まあ、いいんですけど、とにかく、「第三の矢」が、もう一段、欲《ほ》しいんですよ。少ないんですよ、リニアだけでは。あと、防衛産業のこととかも言ってますし、まあ、核《かく》装備のことも言ってるかもしれませんけどもね。

里村　今回、安倍さんは、リオで、スーパーマリオの格好をして現れたりしたことに対して、「ソフトパワーが……」など、いろいろとおっしゃっていましたけれどもね。

総理があそこまでして、とにかく、延命にかけているわけです。

菅義偉守護霊　うーん。だから、まだ見えないんですよ。そこらへんがね。

里村　ああ、見えない？

菅義偉守護霊　うん。

里村　先ほど、こちらから、「嫉妬内閣」というご指摘《してき》を一つさせていただいたんですけれども。

菅義偉守護霊　うーん。「嫉妬」って言われると、なんか、いまいち気分がよくないんですけどねえ。

里村　まあ、気分のいい方はいらっしゃらないと思いますが、先が少し見えなくなってきているわけですか。

菅義偉守護霊　うーん、なかなか厳しい局面には来てるね。

6 「国家社会主義」へと向かう安倍《あべ》政権の実態

「自民党攻撃《こうげき》をやめなさい」と訴《うった》えかけてくる菅氏守護霊

大川隆法 「天皇の生前退位問題」について、幸福の科学が意見を言ったのが、実はかなり効いているのではないですか（『今上《きんじょう》天皇の「生前退位」報道の真意を探《さぐ》る』〔幸福の科学出版刊〕参照）。

里村 はい。いかがですか。

菅義偉守護霊 だからねえ、憲法改正論議をする前に、あの本を出すのは、ないでしょう。どこが自民党を応援《おうえん》してるんだ、あんなの。

里村　何のことですか。いや……。

菅義偉守護霊　あんたがた、もう、最近、「生前退位」も含《ふく》めて、自民党批判しかしてないよ。

里村　いえいえ（苦笑）。それは、今上陛下《へいか》のお考えですから。

菅義偉守護霊　今上陛下の考えだろうが、（大川隆法を指して）この人を通じてやってるんだから、十分に操作したらいいじゃないか、そんなの。あんたがた、編集は得意なんだろう？

里村　そんなことはできませんよ。

菅義偉守護霊　編集で、「ここに関してはカットする」ってしてればいいじゃないか。

里村　そういうことはしないんですよ。

菅義偉守護霊　「やっぱり、ここは自民党に対して失礼に当たるので、カットする」と。

里村　大意が変わるようなことはしてはいけません。特に、例えば、「陛下のお心とは」とか、あるいは「菅官房長官《かんぼうちょうかん》の本心」などというのは。

菅義偉守護霊　だから、そこにあんたがたの意図を感じるんだよ。自民党を潰《つぶ》して、自分たちが成り上がろうとしてる意図を感じるんだよ。

里村　いやいや、私どもも、一歩一歩進めていますから、そんな、「自民党を潰して、すぐに成り代わろう」というようなことを、一朝一夕《いっちょういっせき》にやろうとは思っていません。

菅義偉守護霊　まず、自民党攻撃《こうげき》はやめなさいよ。

里村　いや、それは、少しでも日本の政治がいい方向に行っていただくために言っているんですよ。

「あんたがたは政権与党《よとう》に勝てると思っているのか」

菅義偉守護霊　あんたがた、もうちょっとねえ、勉強したほうがいいよ。

里村　何の勉強ですか。

菅義偉守護霊　ええ？　ちょっと、その「勢力分布図《ぶんぷず》」を。

里村　勢力分布図？

菅義偉守護霊　え？　そもそも、あんた、こんな〝大国〟相手に、〝小国〟が勝てると思ってるのかい。うん？　一宗教団体と実体を持たない政党が、政権与党《よとう》に勝てると思ってるのか、あんたがた。え？

里村　つまり、「分《ぶん》をわきまえろ」ということをおっしゃっているのですか。

菅義偉守護霊　何を、そんなに粘《ねば》って戦って、頑張《がんば》ってるんだい？　勝ち目あるのか、あんたがたに。え？

松島　勝ち目より何より、このまま行ったらば日本が駄目《だめ》になるから、「やむにやまれず」だったんじゃないですか。

菅義偉守護霊　じゃあ、もう死ねよ、全員。

松島　いや、今の話を聞いても、ますます悪くなるじゃないですか。

菅義偉守護霊　は？

松島　このまま行ったら、ひどい国になっていくじゃないですか。

菅義偉守護霊　自民党がしたほうが、国が何とかなるかもしれんよ。

松島　ならないですよ。

菅義偉守護霊　なんで、「ならない」って言うんだ。

松島　ですから、二十何年間もやってきて、なってないじゃないですか。何かなりましたか？

菅義偉守護霊　いや、あんたがたは政権に入ったことがないから分からないんだって。

松島　なってないでしょう？　日本だけですよ、よくなってないのは。

菅義偉守護霊　ああ、分かってないな。〝霞《かすみ》が関《せき》の常識〟をもっと勉強したほうがいいよ。

里村　ですから、今の時代、あるいは、世界の趨勢《すうせい》には、その常識がもはや合わなくなっているんですよ。

菅義偉守護霊　この常識がなきゃあねえ。この常識がないから（幸福実現党は）当選しないんだって。マスコミも懐柔《かいじゅう》できないんだよ。

里村　いや、ですからね、はっきりと申し上げて、戦後六十年ぐらいまでは、それでも通用したかも分かりませんけれども、今の世界、時代における変化の潮流、あるいは技術の進歩には……。

菅義偉守護霊　日本は、ゆっくりと、その潮流に合ってくるんだって。

里村　いやいや（笑）。そうして、ゆっくりやっていたら、日本が沈《しず》んでしまうんです、潮流の波間《なみま》に。

松島　米ソの大戦が終わってから、世界はまったく変わってしまったんですよ。

菅義偉守護霊　急に舵《かじ》を切ったら、いきなりねえ、支持率が急落するんだって。分かってないんでしょう？　あなたがた。

里村　いや、だから……。

菅義偉守護霊　支持率急落したら、選挙には勝てないのよ。選挙に勝ってこそ、ものが言えるの！　分かるかい？　あんたがた。

選挙に勝ってないあなたがたにねえ、発言権はないんだよ。「言論の自由」は、あんたがた、選挙に勝ってからだよ。

松島　言論の自由はあります。

菅義偉守護霊　選挙に勝ったら、言論の自由を与《あた》えてやるから。

里村　そんなことは日本国憲法に書いてありません。

菅義偉守護霊　いいんだよ。憲法なんか、あとの話で。

里村　憲法二十一条には、ちゃんと「言論の自由」などが書かれているんですよ。

菅義偉守護霊　日本にはな、〝実体憲法〟っていうのがあるんだよ。

里村　〝実体憲法〟ですか（笑）。どういう……。

菅義偉守護霊　いや、霞が関にはあるんだよ。

里村　「霞が関の常識」ですか。

菅義偉守護霊　そうだよ。あんたがたはそれが分かってないから、もう、「子供だな」と、最初から言っとるんだ、わしはね。「大人になりなさい」と。

里村　まあ、ある意味で、私たちは、そこの部分も変革を求めているところがありますが。

菅義偉守護霊　あんたらは、そこらへんの右翼《うよく》と一緒《いっしょ》なんだ、はっきり言わしてもらえば。右翼のやつら、けっこう粘るからさあ。

まあ、まだ総裁が存命中だから、言論力はあるのかもしれないけどね。うーん。

里村　存命中なんて（苦笑）、そんなことは軽々しく口にされないほうがいいと思うんです。

菅義偉守護霊　いや。こんなの、疲弊《ひへい》していくよ。宗教法人本体だけじゃなくて、政党まで。

幸福実現党は「自民党に刃向《はむ》かう罪」を犯した？

大川隆法　いや、でも不思議なんですよ。民間は今、喘《あえ》いでいて、みんな、「苦しい」と言っているんですけれども、なぜか公務員だけは一パーセントものベースアップがあって、民間平均の一・五倍の収入を得て、さらに、夏のボーナスが増えているんですよね。

これは、経済の実体を考えれば、こんなことができるはずがありません。まさしく、「国家社会主義」を目指していて、少なくとも公務員は〝買収〟できるでしょう。給料を上げてくれるなら〝買収〟可能なのです。

公務員の給料をベースアップすることでインフレを起こそうとしているのかもしれませんが（笑）。ちょっと幼稚《ようち》な経済学だなと見ています。

里村　（笑）

大川隆法　こういうところはやや不思議な感じがするのと、昔、いわゆる春闘《しゅんとう》であったようなベースアップを、官邸《かんてい》主導でできるというのが不思議なことです。

法治《ほうち》国家の思想は、習近平《しゅうきんぺい》や金正恩《キムジョンウン》と同じように、上にいる人は関係なくて、それがつくった法律が民《たみ》を支配することを「法治主義」だと思っているようなところがあるようです。法律をそういうふうに使おうとしている感じがします。

この人は、法学部出身にしてはあまり法律の勉強をしていないようです。夜学《やがく》で多少苦労されたのでしょうけれども、「本当は勉強していない」のではないでしょうか。「直感」だけですべて判断しているのではないかという感じがするのです。

菅義偉守護霊　いや、あんたがた、こういうことを言ってるから、糾弾《きゅうだん》されて、弾圧されるんだって。

里村　ただ、私たちは、「正しさのためには、やはり、勇気を持って発言しなければいけない」と思っているんですよ。

菅義偉守護霊　別に、大川総裁に、「われわれに謝《あやま》れ」なんていうことは言っとらんよ、わしらはね。

里村　だけど、やったことは、かなり許されないことをやっているんですよ。例えば、政党本部の家宅捜索《そうさく》をしましたけれども、ここは一種の「聖域《せいいき》」なんですよ。

菅義偉守護霊　でも、あんたがた、罪を犯《おか》したんだから。

里村　いやいや。そういうことを建前《たてまえ》にすれば、どこでも土足で入っていっていいというふうには、ならないのでは……。

菅義偉守護霊　違《ちが》うの。「自民党に刃向《はむ》かう罪」を犯したんだって。

里村　そんな日本国憲法はないですよ。「自民党に刃向かった者は許されない」という。

菅義偉守護霊　ないですよ。ないけど、今、マスコミも含め、全部、われわれの懐柔《かいじゅう》の手にありますから。

あんたがたはまだ子供だから。それが分かってないからワアワア泣き叫《さけ》んでるんでしょ？　だから、今、教えてあげてんのよ。

里村　まあ（笑）、泣き叫んでいるわけではないんですけどね。

「国民の幸福は安倍《あべ》政権の延命」という考えに見え隠《かく》れする「人治主義《じんちしゅぎ》」

佐藤　そうすると、あなたにとっての「正義」というのは何なのですか。

菅義偉守護霊　「安倍《あべ》政権を延命させること」です。

佐藤　どんな手段を取ってでも、延命させさえすれば、それが「正義」ですか。

菅義偉守護霊　そうですよ。

佐藤　あなたは「法の支配」という言葉をご存じですか。

菅義偉守護霊　まあ、知ってはいますけど、とにかく安倍政権を延命することが日本のためです。

里村　いやいや（笑）、その、「法の支配」についてです。

菅義偉守護霊　国家のためです。

佐藤 「法の支配」と関係なく、安倍政権が延命すればいいと?

菅義偉守護霊 国民の幸福は安倍政権の延命のなかにあるし、また、民進党がこれで躍進《やくしん》でもしたら、とんでもないことになるしね。国が傾《かたむ》きますよ。

大川隆法 しかし、安倍支配だけであれば、それは「人治主義《じんちしゅぎ》」ですからね。

菅義偉守護霊 何が悪いんですか。

大川隆法 「安倍政権を九年間続けるためには何でもやる」というのだったら、これはだいぶ感じが違いますね。

菅義偉守護霊 なんで悪いんですか。自民党内であったとしても、発言するやつは容赦《ようしゃ》しませんから。

佐藤　あなたは、それで、まったく良心に恥《は》じないのですか。

菅義偉守護霊　恥じないです。国のためにやってますから。

佐藤　でも、「人治主義」でしょう？

菅義偉守護霊　「人治主義」だろうが何だろうが、国のためにやってるんです。

大川隆法　それでは、金正恩《キムジョンウン》と変わりませんよ。

菅義偉守護霊　金正恩とは違いますよ。何を言ってるんですか。全然違います。日本は民主主義国家だ。

里村　ただ、行動を見ると、どんどん似てきていますよ。

菅義偉守護霊　うーん。それはよく分かりません、言ってることが。じゃあ、あんた、北朝鮮《きたちょうせん》の国民と日本の国民、どっちが幸せかって、日本の国民のほうが幸せでしょうが。だから、われわれがやってることは正しいってことですよ。

里村　違いますよ、それは。日本国民が頑張られてるんですよ。

菅義偉守護霊　違う、だって、自民党がいるからですよ。自民党のおかげで株価は民主党より上がって……。今の民進党の前の民主党時代よりもちゃんと上がってるでしょう？

里村　いえいえ。そうであれば、なぜ、長らく、毎年三万人が自殺したんですか。

菅義偉守護霊　そんなことは、私たちの場合、大きな問題じゃないでしょうが。

里村　毎年三万人というと、毎年、小さな戦争をやっているのと同じなんですよ。十年で三十万人ですよ。

菅義偉守護霊　それは、あんたがた宗教の仕事だ。ちゃんと救いなさいよ、自殺者を。

里村　いや、待ってくださいよ。待ってください。一九九〇年代の終わりに三万人を超《こ》えてから……。

菅義偉守護霊　いや、だから、私はちゃんと……。ああ、私じゃない。まあ、あんたがたは「バラマキ」って言うのかもしれないけど、自民党政権はちゃんとやってるから、ちゃんと。ねえ、貧困層の救済対策は。社会保障費の拡充《かくじゅう》も含めてね。

里村　だけど、経営者を中心に自殺が伸《の》びて、三万人を超えています。私どもも、何とか自殺を減らそうと思って頑張っていて（自殺を減らそうキャンペーン）、やっと、今、三万人を切った。そこまで頑張りましたよ。

菅義偉守護霊　幸福実現党が通ったからといっても自殺者は減らないでしょう、そんなの。何言ってるんですか。

里村　いや、それは違いますよ。

菅義偉守護霊　分かりませんね、言ってることが。

あんたがたみたいなスタンスで霞が関に入ってきたらもう、一瞬《いっしゅん》にして抹殺《まっさつ》されて終わりですよ。マスコミにいろいろなことをリークされて、もう、すぐ霞が関から追い出されますよ。

里村　別に、リークされて恐《おそ》れるようなことは何もないですよ。

菅義偉守護霊　ありますよ。つくれますから。

里村　幸福実現党には、もう何にも。幸福実現党というのは、もう、裏表《うらおもて》がありませんから。

菅義偉守護霊　ですから、あなたがたは甘《あま》いんですよ。うん。まだ公党の自覚を持ってないんですよ。何て言うかなあ、〝私党〟というか、グループというか、ＮＰＯというか、うーん、そんなようなもんですね、私たちから見てると。うん。

里村　だから、それは、「政治参加の自由」を認めているような、そういう憲法の下《もと》の、民主主義ではない。

菅義偉守護霊　まあ、小さいうちはそういうことをあげつらっても、まあ、いいですよ、行動していただいても。自由にどうぞ。ただ、〝霞が関の常識〟には通じませんから。

松島　だから、弾圧しないで自由にさせてくださいよ、弾圧しないで。お願いしますよ。自由ではないではないですか。

菅義偉守護霊　だから、それは……、われわれに対する態度次第《しだい》ですね。まあ、さっきも言ったけど、まずは補選を見ます。

7　安倍《あべ》政権の〝家老《かろう》〟としての策謀《さくぼう》の数々

幸福実現党と小池百合子《こいけゆりこ》氏の関係を勘繰《かんぐ》る菅氏守護霊

大川隆法　「五万円」をここまで使うという、このレバレッジの利《き》かせ方はすごいですね。これは、なかなか驚異《きょうい》的な才能ですね。恥《は》ずかしくて、普通《ふつう》はそこまではできない。

菅義偉守護霊　まあ、逆に言うと、あんたがたはそれくらい、「われわれの目につくところまで来た」っていう見方もありますよ、そりゃあ。ちょっと目障《めざわ》りな存在になってきているんですよ。あと、小池《こいけ》さんのも、たぶん引っ掛《か》かってるんだろうとは思うけどね。うーん。

大川隆法　自民党側だけが責任を取らされたからね。都連の会長と幹事長が責任を取らされて、これは面白《おもしろ》くないわね。

菅義偉守護霊　あんたたちは小池さんとつながってるんでしょ、だって。

大川隆法　それはもう、つながっていますよ（笑）。

菅義偉守護霊　そうだろう？

大川隆法　深ーくつながっているから（笑）。

菅義偉守護霊　「つながってる」っていうのは見てますから。

大川隆法　うーん、警視庁も、次は言うことをきかないかもしれないよ。（小池都知事が）リオから帰ってきたら、もう。

菅義偉守護霊　二〇〇九年だったかな？　共同街宣も、同時街宣もやってるし、わざわざ候補者を降ろしてねえ。だから、たぶん、思想的に近いと思うんだよ、あんたがたと小池さんはね。

里村　そうすると、もう、警視庁などは板挟《いたばさ》みですよ。警視庁の予算を決めているのは都議会であり、都知事ですよ。

菅義偉守護霊　知ってますよ。ただ、小池さんも政治家ですからね。ねえ、選挙が終わったら、ちゃあんと安倍《あべ》首相と話してますからね。

里村　まあ、そこは老練《ろうれん》でいらっしゃるから。

菅義偉守護霊　あんたがたは、まだ足りないんですよね、根回しが。小池さんのパイプぐらいなら、もっと根回しすりゃあいいのに。根回しが足りないんだ、全然。うーん。全然、こっちに影響《えいきょう》ない、あんたがた。

里村　いいですよ、そこは。私どもは表裏《おもてうら》なくやっていますから。

菅義偉守護霊　もうちょっと自民党にパイプがあったんじゃないの、あんたがた。ええ？　もうちょっと、それはパイプを使って根回しするのが政治ですよ。

里村　いや、だから、それが〝霞《かすみ》が関流《せき》〟なんですよ。

菅義偉守護霊　それをやらないから、あんたがたなんか当選しないんだから。

里村　いや、いやいや、それが一千兆円の赤字をつくった元凶《げんきょう》なんですよ。

菅義偉守護霊　だから、今回だって、五万円の件でね、何だかんだで、あんたがたもバーターで何かね、「これを自民党にあげるから、これを止《と》めてください」ってぐらい持ってくりゃあ、考えてやってもいいけど、何にも持ってこないでしょう？　あんたがた。

里村　いや、それは、考え方がちょっと違《ちが》うんですよ。五万円の案件で、どれくらいの延べ人数の捜査員《そうさいん》をこの日数のなかで動かしているか。これは費用対効果で考えれば大変なことですよ。

菅義偉守護霊　いや、だから、そのくらい、あんたがたが今、投資……、投資というか、まあ、使ってることに……。

里村　（苦笑）「投資」と言われても困るんですけどね。

菅義偉守護霊　うーん。まあ、そんなにかける意味はあると思ってますよ。「幸福実現党の家宅捜索《そうさく》は国策捜査か」と騒《さわ》ぎ出したマスコミ

佐藤　先ほど、九月五日という日にちが具体的に出てきました。

菅義偉守護霊　はい。

佐藤　そこで、「その先はどうするつもりだ」という具体的なお考えがありますか。

菅義偉守護霊　いや、だから、「終わらせるつもりはありません」って言ってるんですよ。

佐藤　抽象《ちゅうしょう》的に、「引き延ばせ」という指示をしておられるというのは、先ほどお話

しいただきました。

菅義偉守護霊　いや、補選までは延ばしたい。

佐藤　これは、警視庁の案件ですね。警視庁は東京都を管轄《かんかつ》する警察だと思います。その範囲《はんい》内でやるつもりですか。それとも範囲外まで手を伸《の》ばすつもりですか。

菅義偉守護霊　（約三秒間の沈黙《ちんもく》）いやあ、警視庁だけで収めるつもりはないね、私としてはね。東京都内だけで、そうなりたくはないね。あんたがた、神奈川《かながわ》とか、どっか、いろいろやってるだろう、ほかにも。

佐藤　収めたくないから、具体的にそういう指示を出してるわけですか。

菅義偉守護霊　指示まではいかないけども、まあ、「終わらせるな」って指示は出し

郵便はがき

料金受取人払郵便

赤坂局承認

8228

差出有効期間
平成29年11月
30日まで
(切手不要)

1 0 7 - 8 7 9 0

112

東京都港区赤坂2丁目10−14
幸福の科学出版(株)
愛読者アンケート係 行

ご購読ありがとうございました。お手数ですが、今回ご購読いただいた書籍名をご記入ください。

書籍名

フリガナ お名前	男・女	歳
ご住所 〒 都道府県		
お電話( ) −		
e-mail アドレス		
ご職業 ①会社員 ②会社役員 ③経営者 ④公務員 ⑤教員・研究者 ⑥自営業 ⑦主婦 ⑧学生 ⑨パート・アルバイト ⑩他( )		
今後、弊社の新刊案内などをお送りしてもよろしいですか? (はい・いいえ)		

愛読者プレゼント☆アンケート

ご購読ありがとうございました。今後の参考とさせていただきますので、下記の質問にお答えください。抽選で幸福の科学出版の書籍・雑誌をプレゼント致します。(発表は発送をもってかえさせていただきます)

1 本書をどのようにお知りになりましたか?

①新聞広告を見て [新聞名:]
②ネット広告を見て [ウェブサイト名:]
③書店で見て　④ネット書店で見て　⑤幸福の科学出版のウェブサイト
⑥人に勧められて　⑦幸福の科学の小冊子　⑧月刊「ザ・リバティ」
⑨月刊「アー・ユー・ハッピー?」　⑩ラジオ番組「天使のモーニングコール」
⑪その他 ( )

2 本書をお読みになったご感想をお書きください。

3 今後読みたいテーマなどがありましたら、お書きください。

ご感想を匿名にて広告等に掲載させていただくことがございます。ご記入いただきました個人情報については、同意なく他の目的で使用することはございません。

ご協力ありがとうございました。

てる、ね。

佐藤　それで、他の県警にも手を伸ばして、「終わらせるな」と、具体的に言ってお
られるわけですか。

菅義偉守護霊　警察庁を通じて、埼玉《さいたま》県警とかには、もう、情報が行ってると思うよ、
おそらくね。

佐藤　情報はね。それで？

菅義偉守護霊　調査を始めてると思うよ、うん。

佐藤　「九月五日以降にそれをやるつもりだ」と、そこまで指示を出しているという
ことですか。

菅義偉守護霊　それは知りませんね。私は、細《こま》かい指示は出してないですから、そんな細かいとこまでは、うん。

「九月五日で終わりにはするな」と言ってますけどね。

佐藤　そこだけは動かさないということですね。

菅義偉守護霊　うん。

里村　ただ、先ほどから、私は何回も言っていますけれども、それをやればやるほど、やはり、「異常さ」がどんどん際立《きわだ》ってきます。

菅義偉守護霊　だから、「異常さ」が出れば出るほど、それだけ今、あんたがたが危険になってるのを示しているわけですよ。

里村　それは、われわれに言ってるつもりですよね。

菅義偉守護霊　周りも、世間《せけん》も見るでしょうねえ。だから、あんたがたとかかわると、ほかの人の仕事がなくなってきますよ。

里村　ほう。ただ、むしろ、その危険性とは、やはり、安倍政権の危険性になってくるのではないですか。

菅義偉守護霊　うーん？　そうですかね？　あんたがたとつながってる人たちは、今後、ねえ？　いろいろと困ることが起きてくるから、周りがね。

里村　私どもは、この言葉は一回も使っていないんですけれども、マスコミが使い始めているんですよ、「国策捜査《そうさ》」という言葉を。

菅義偉守護霊　うーん。

里村　この言葉は、まだ使っていなかったんですよ。ところが、見てる人たちの側が、すでに「国策捜査」という言葉を使い始めているというのは、これは、かなり大きなことですよ。

菅義偉守護霊　まあ、まあ……、大丈夫《だいじょうぶ》ですよ。

里村　おそらく、戦後の民主政治史に、たいへんな汚点《おてん》を残すことになりかねないレベルに、今、来ていますよ。

菅義偉守護霊　大丈夫です。経済さえ保てば、何とかなりますから。

里村　いや、その経済が危《あや》ういですよね。

菅義偉守護霊　まあ、それもちょっと困ってるんです。瀬戸際《せとぎわ》になってるんです。だから、大川総裁から、早く「第三の矢」の……、リニア、いや、さっきもミサイルの話とか幾《いく》つか言ってたけど、もうちょっと現実可能なやつも含《ふく》めて提示していただかないと。

里村　それは、もう、本当に〝虫のいい要求〟だと思うんです。

菅義偉守護霊　政治ってのは、「利用しつつ、利用されつつ」ですよ。

里村　そうすると、一時間ほどお話をお伺《うかが》いしてきて、安倍政権の先がちょっと見えなくなってきたり、幸福実現党の力が大きくなってきたりと、いろいろなことが重なっているところに、今の選挙違反《いはん》ということが……。

菅義偉守護霊　そろそろ、自民党は自民党らしさを取り戻《もど》さなければいけないので。あなたがたのなかに「自民党らしさ」を感じてる者もいるんですよ、多数。

天皇陛下《へいか》に代わり、安倍《あべ》首相を「元首」にしたい？

里村　でも、どうですか。天皇陛下《へいか》の生前ご退位に向けての「お気持ち」の表明がありましたよ。きちんと陛下のお心に沿ったかたちで、どこまで自民党らしさを実現できるんですか。

菅義偉守護霊　うーん、まあ、うーん。

里村　それとももう一つ、十一月にはアメリカで新しい大統領が誕生します。

菅義偉守護霊　そうですね。

里村　トランプ氏になれば日米の安全保障が大きく変わりますし、ヒラリー氏になったらなったで、中国とアメリカとの関係がまた微妙《びみょう》に変化したときに、日本を護《まも》っていくのかどうか。

菅義偉守護霊　だから、ますます安倍《あべ》首相の存在が必要になってくるでしょう？　世間では「日本には元首がいない」って言われてるけど、安倍首相が元首の代わりになっていくんですよ。

里村　おお。

菅義偉守護霊　「安倍と話せば話が通じる」というか、今後、数年間に及んでね。安倍との約束事なら交《か》わす必要がある。

大川隆法　そうか。実は、安倍さんは天皇陛下にも〝勝った〟んですね。

菅義偉守護霊　そう。

大川隆法　安倍さんが退位をさせるんですね。安倍さんが長期政権を敷《し》いて、事実上の元首となるために、天皇陛下を退位させるんだ。実はそういうことなんですね。嫌気《いやけ》がさすように仕向けたんですね。けっこう老獪《ろうかい》なんですね。ああ、なるほど。嫌がることをしたんですね。

（天皇陛下が）ペリリュー島とかフィリピンとかへ行って、一生懸命《いっしょうけんめい》に慰霊《いれい》して、謝《あやま》ってばかりいるから、その〝逆〟のことをやって、退位するように仕向けましたね？

菅義偉守護霊　フフッ（笑）。

大川隆法　ああ、そういうことか、なるほど。

菅義偉守護霊　うん。

大川隆法　それで、次に「憲法改正」へと持っていくわけですね。なるほど、なるほど。意外に老獪ですね。

里村　そうであるとしたら、逆臣《ぎゃくしん》……（苦笑）。

大川隆法　逆臣ですね。

里村　昔の言葉で言えば、「逆臣」というものになります。

菅義偉守護霊　いや、私は殿《との》に尽《つ》くしてますから。

大川隆法　殿にね？

菅義偉守護霊　逆臣ではないですよ。殿に尽くして。

佐藤　今の大川総裁のお言葉に、笑いながらうなずきましたね？「まあ、そうですよ」と言われたわけですね。

菅義偉守護霊　そうね。まあ、あと数年ぐらいですかね、うん。

佐藤　あと数年？

大川隆法　天皇陛下と同じことをしていますからね。福島へ行って災害見舞《みま》いをしたり、慰霊をしたりして。天皇陛下がお元気だったら、きっと、リオデジャネイロにも行かれたでしょうね（笑）。

だから、実は、（安倍首相は）同じことをやっているのですね。

「安倍《あべ》は国家なり」とまで断言する菅氏守護霊

菅義偉守護霊　いや、この国家はね、元首がいないんですよ。ちゃんとつくんなきゃ駄目《だめ》ですよ。

里村　そうか！　そうすると、幸福実現党というのは、その事実上の元首に対する反逆というか……。

菅義偉守護霊　ああ……、まあ、中国では……。

大川隆法　うーん。何だかミャンマーのようになりつつありますね（笑）。もう、ミャンマー化しつつあるのでしょう。

菅義偉守護霊　「国家反逆罪」っていうのは日本にはないけれども、まあ、それに近いものを、あんたがたはしていると思う。

大川隆法　うん。そうですね。そういうふうに見るわけですね。

里村　それは、国家というか、安倍《あべ》さんに対する……。

菅義偉守護霊　安倍が、「国家」ですよ。何言ってるんですか（笑）。安倍が国家ですから。今、安倍首相が国家ですから。

大川隆法　まあ、「朕《ちん》は国家なり」などというものがありましたね。これはだいぶ歴史が遡《さかのぼ》ってきますね。

里村　うーん……。そこまであれですか？　まあ、確かに、安倍さんの復活には、官《かん》

●「朕は国家なり」　フランス国王ルイ14世（1638～1715）が言ったとされ、絶対君主制の国家観を象徴する言葉として知られる。

房長官《ぼうちょうかん》である菅さんが非常に頑張《がんば》られたということは、本にもなったりもしていますけれども。

菅義偉守護霊　うーん。

松島　それは、菅さんだけの思いですか。安倍さん自身も、そのように強く……。

菅義偉守護霊　いやあ、もう、自民党政権はみんな思ってますよ。

里村　いやあ、それは、石破《いしば》さんなどは違うのではないですか。

菅義偉守護霊　まあ、一部の人はあれですけども、中枢部《ちゅうすうぶ》の人は、もう、安倍さんには頭が上がりません。

里村　小泉進次郎《こいずみしんじろう》さんもそう考えているんですか。

菅義偉守護霊　だから、もう破門《はもん》……、左遷状況《させんじょうきょう》じゃないですか。もう、あんな若造は中枢に入《い》れませんから。

里村　そうすると、今の官房長官守護霊のお考えは、麻生《あそう》さんだとか、現政権のみなさんの思いと一致《いっち》しているということですか。

菅義偉守護霊　一致してますよ。（内閣に）留任した人は、だいたい考えが一致してるんですよ。

里村　「幸福実現党を潰《つぶ》すんだ」と。「その手をまだ緩《ゆる》めることなく、長引かせろ」と。

そもそも「プーチンとの関係強化」を言っていたのは誰《だれ》なのか

里村　では、安倍政権として、その先に実現したいことは何ですか。官房長官が支えて。

菅義偉守護霊　うーん……。（約三秒間の沈黙）うん？「安倍政権がいつまで続いたら」の話を言ってるのか？

里村　具体的に言うと、例えば、先ほどからチラチラと出ていますが、任期延長問題。これはやはり、やりたいですか。

菅義偉守護霊　いや、もう、実現できますよ。もう、準備は終わってますから。

松島　むしろ、九年ではなくて、さらに十二年とか狙《ねら》っていませんか。

菅義偉守護霊　そう……、うん。オリンピックも通過してやらないとね。

里村　そうすると、今、世界の主《おも》だった指導者で、任期延長に取り組んで、法律を変えたり、いろいろとしようとしているのが、安倍さんを含めて三人いるんですよね。

それは、ロシアのプーチン大統領と、中国の習近平《しゅうきんぺい》国家主席なんですよ。

菅義偉守護霊　うーん。いや、だから、安倍さんは、意外に、プーチンをまねてるんだと思うよ。やっぱり、ある意味、ロシアも、ああいった大統領制の民主主義国家だけど、法律を変えて、あれだけやることができたでしょう？　もう、ある意味、終身制になってきたわなあ。安倍首相だって、終身制もできなくはないですよ。

里村　しかし、プーチンとの関係強化の必要性を言ったのは、大川隆法総裁であり、幸福実現党なんですよ。

菅義偉守護霊　そんなの、知りませんよ。

里村　いやいや、「知りません」って……（苦笑）。そういうふうに動いたら、すごい成果があがってきて、今、プーチン大統領も少しずつ接近してきていますよね。

菅義偉守護霊　うん。それ……。そうです。

里村　つい最近では、プーチン大統領の片腕《かたうで》が非常な知日派に替《か》わりましたよ。

菅義偉守護霊　いやあ、私としては、ロシアが米欧《べいおう》のほうと揉《も》めてるときには距離《きょり》を置いて、だんだんそれが氷解してきて、「まあ、そろそろ近づいてもいいかなあ」と思うときに、ロシアとの接近を図《はか》って……、うん。

大川隆法　確かに、プーチンを呼んで下関《しものせき》で会うなど、芸が細かいとは思いますが。いざというときに、アメリカに言い訳するために、東京で会わずに下関で会うという、この技《わざ》の細かさは何とも言えませんね。

「下関は私（安倍首相）の選挙区ですから」と言って、本丸《ほんまる》に入れたようにも見せられるし、どちらにでも使えるようにすると……。このへんはすごいですね。さすがだなあと思いますけどね。

里村　そういう采配《さいはい》をしているのが、実は、官房長官である……。

菅義偉守護霊　私のほうが策を練《ね》ってますからねえ。

「幸福実現党が民進党攻撃《こうげき》をしたら、捜査《そうさ》の手が緩《ゆる》む」という持ちかけ

大川隆法　ただ、その策は、幸福実現党を潰さないで、共産党を潰すほうにでも使ってくださいよ。共産党とか社民党……。

菅義偉守護霊　いや、共産党にもちゃんと公安は行ってますから。

大川隆法　しかし、共産党が躍進《やくしん》してきたではないですか。

菅義偉守護霊　うーん。

里村　どうなんですか。共産党のほうにもっと力を入れたほうがいいのではないですか。

菅義偉守護霊　いや、共産党も力を入れてますよ、それは。ただ、今のところは、まだ、まずは幸福実現党をやってるだけであってね。

里村　官房長官守護霊がおっしゃったように、幸福実現党が微々たるものであれば、それより先に、次に総選挙になって野党共闘《きょうとう》があると、共産党の力は大きいのでは……。

菅義偉守護霊　いや、選挙近くになったら、共産党のほうは何か考えますよ、民進党を含めてね。

今、蓮舫《れんほう》のほうは、ちょっと気になってるんですけども。だから、あなたがたがまず民進党攻撃《こうげき》をやってくれるなら、若干《じゃっかん》、捜査《そうさ》の手も緩《ゆる》むかもしれないですけど。

里村　ほう。つまり、今、味方を求めているわけですよね。敵を潰すこともあるけれども。

菅義偉守護霊　味方を求めているっていうのは、ちょっと違うかなあ。

里村　少なくとも「味方」、あるいは、「利用できる力」か。

菅義偉守護霊　そうですねえ。

里村　でも、少なくとも、参議院選挙が終わってから二カ月になろうというのに、いつまでも、こんな捜査はおかしいですよ。

菅義偉守護霊　いや、逆ですよ。今だから、あなたがたにかかってられるんですよ。

里村　おお。

菅義偉守護霊　うん。もうちょっとたったら、別のことをやんないと。

里村　ああ……、選挙がもうすぐ近づいてくると。

菅義偉守護霊　さっき、共産党って言ってたけどもね。うん。

里村　例えば、一昨日、熊本《くまもと》あたりでは、参議院議員に当選した自民党議員の後援会《こうえんかい》の事務局長が、三十万円で逮捕《たいほ》されているんですよ。金額的にも、当方の関係者より大きい金額だったわけですが……。

菅義偉守護霊　金額なんかいいんですよ、幾《いく》らでも。

8　安倍《あべ》政権の足元は崩《くず》れ始めている!?

足元が揺《ゆ》らいで焦《あせ》る安倍政権に従わせるための「見せしめ」

里村　まあ、それにしても、国家的損失が大きいなと思うんですけれども。

菅義偉守護霊　そんなことはないですよ。あなたがたの損失が大きいでしょう。億単位の損失が出てるんじゃないですか、今回の事件で。

里村　え?　われわれのですか?

菅義偉守護霊　うん。もろもろ含《ふく》めて。

里村　なぜですか？

菅義偉守護霊　え？　信用から何から含めて、けっこう損害が出てないですか？

里村　いやあ、ありますよ、それは。

菅義偉守護霊　ありますよね。

里村　まあ、お金には換算《かんさん》しませんが、とんでもない話ですよ。

大川隆法　いやあ、そんなことはないですよ。逮捕《たいほ》してくれると、報道機関が取り扱《あつか》ってくれるので、「公党」になれる可能性がかなり高まってきます。

菅義偉守護霊　うーん。ああ、そうですか。

大川隆法　みんなが知ってしまう。日本中の人がみんな知ってしまうので。かえって公党になれるかもしれないから、ちょっとぐらいだったら悪くはないかなとも思っていましたしね（笑）。

菅義偉守護霊　ふーん。

大川隆法　まったく報道しないですから、そのときだけ、政党として堂々と扱ってくれるんでしょう?

里村　はい（笑）。

菅義偉守護霊　いや、だから、「自民党に噛《か》みついたら、どれだけ痛い目に遭《あ》うか」っていうのを、今、示してあげてるんだけど、まだ分からないんなら、もう一段、

「じゃあ」と、やって……。

大川隆法　たぶん、野党時代のことは、もう、忘れたんですね。あの苦しみは忘れたのですね。

「次の選挙では、蓮舫《れんほう》人気、プラス、選挙区にたくさんの候補者を立てられたら危ない」と見ているわけですね。

そうすると、今三分の二の賛成が取れるかもしれないところを、合意が取れるようにこの期間にチャレンジしなければいけないのに、天皇陛下《へいか》の退位問題で、また、皇室典範《てんぱん》改正だ何だとしていたら、下手《へた》をすると二年ぐらいかかってしまうから、できない可能性があるわけですね。次の選挙に負けたら、もう、できなくなるわけです。

里村　はい。

大川隆法　ああ。これは、焦《あせ》ってはいるんでしょう。つまり、迫害《はくがい》をするための〝ユダヤ人〟が欲《ほ》しいわけね。何か、〝ユダヤ人〟を、〝見せしめ〟が欲しいわけです。どこか見せしめをしておいて、言うことをきかせようとしたいのでしょう。

里村　今、思いのほか、安倍《あべ》政権の足元が揺《ゆ》らいできているんです。

大川隆法　本当に点数を稼《かせ》げるところがなくなってきています。リオへ行ったところで、あんなもので人気が上がりはしません。

行きたいと言っていた舛添《ますぞえ》さんを退《しりぞ》けて、小池《こいけ》さんが行ってしまったので、かえって目立ちましたが、「安倍さんは何をしに行ったの?」という感じが少しありました。

里村　スーパーマリオの格好をしただけです（会場笑）。

大川隆法　（笑）いや、さっぱり意味が分からないですね。ああいうことは、年齢《ねんれい》もよく考えてやってほしいと思います。意味不明ですよね。

里村　はい。

大川隆法　本当に。次に、アフリカへ行って……。

菅義偉守護霊　いや、いや、あのねえ、あんたがたの政策に関しては一目《いちもく》置いてるんですよ。

里村　ほう。

菅義偉守護霊　だから、政策を出したら。まずは出しなさいよ。

　幸福実現党に「解党はない！」

里村　やはり、われわれは、日本の未来のために、一緒《いっしょ》に仕事をしたほうがいいんじゃないですか。

菅義偉守護霊 だから、早く白旗を揚《あ》げて、（幸福）実現党を解党してだね。

里村 いや、「解党」というのが分からないんですよね。

菅義偉守護霊 まあ、自民党の政策研究会じゃないけど、そういったシンクタンク的なものとして。

松島 だから、自民党さんが、しっかりやってくれるんなら、解党もありえるかもしれないですよ。

釈 （聴聞者席《ちょうもんしゃ》から）解党はない！

松島　釈党首から、「解党はない」と言われましたけども。

大川隆法　フフフ（笑）。

松島　自民党がしっかりしないから、幸福実現党は立党したんですよ。

釈　神々がつくった政党なんですよ。

菅義偉守護霊　知りませんよ、そんなこと。神々がつくったんなら、ちゃんとしなさいよ、あんたがた。

松島　神々が怒《いか》ったんですよ、自民党さんに。

菅義偉守護霊　そういう話はいいです。もう、お腹《なか》いっぱいです。

天変地異に関する、政治家としての見解とは

里村　じゃあ、「神々」という話が出たので、言わせてもらいますが、この八月に、異例のトリプル台風が日本列島を襲《おそ》いました。しかも、東京に上陸したのが十一年ぶりだということです。

菅義偉守護霊　損害が出てますよ。

里村　ええ、三つも重なっています。

大川隆法　実は、台風のときは、警察官が大変だったと思います。雨のなかでビシャビシャになったでしょう。やっぱり、警官はキツかったですね。「休み返上」でしょう。消防署も、「休み返上」でしょうね。それから、都庁の職員も本当に大変だったでしょう。

里村　それこそ、たいへんな数の人の通勤、通学の足に影響《えいきょう》が出ました。

大川隆法　北海道も、かなりの被害《ひがい》が出ているでしょうね。おそらく、熊本《くまもと》並みに出てくると思います。

里村　北海道では、八月に三つの台風が上陸するのは初めてらしいです。

大川隆法　ああ。あれは、そうとう被害が出ていますね。そうとうの単位じゃないですか。

里村　ええ。農作物の被害は大変なものです。

大川隆法　これは、ＧＤＰが伸《の》びるどころか、逆ですね。

里村　このへんは、政治家として謙虚《けんきょ》なお気持ちをお聞かせいただきたいんですけど、天変地異に関しては、いかがですか。

菅義偉守護霊　まあ、自然災害ですからね、これは。

里村　自然災害ですか。しかし……。

菅義偉守護霊　だから、国としては対処しますよ、ちゃんと。

里村　少なくとも、こういうものが続いたとき、例えば、皇室とかは、自《みずか》らを振《ふ》り返りますよ。

菅義偉守護霊　いやあ、だから、あなたがたの霊言集《れいげんしゅう》って言うんでしたっけ？　あの本を読ましていただくと、まあ、「そういったのもあるかなあ」とは思うんですけれどもね。

里村　思われる？

菅義偉守護霊　うん。思うところはありますよ、多少ね。

里村　じゃあ、少しはあるわけですね？　官房長官《かんぼうちょうかん》の守護霊のなかには。

菅義偉守護霊　でも、「だから何なんですか」っていう話であって。政権を握《にぎ》ってるのは、こっちなんですよ。

都知事選の敗北に対する恨《うら》みなのか

大川隆法　まあ、あれだけ、公然と、自民・公明で組んで、増田《ますだ》候補を応援《おうえん》して、都知事選で百十万票差で負けましたよね。一方、小池氏には、組織立った応援がなかったわけで、これを何か、深く底恨《そこうら》みしてるようにしか見えないですよね。何か、ありそうな気がします。

里村　都知事選の結果が出た二日後に、幸福実現党本部の家宅捜索《そうさく》ですから。

大川隆法　これで、安倍政権が長期政権になれるんですか。これだけ、自民・公明に信用がなくて。これは一つ、クエスチョンですね。怪《あや》しいですね。

もし、別の風が吹《ふ》き始めたら、どうでしょうか。「蓮舫の風」が吹くかもしれないし、幸福実現党があまり不当な逮捕をされて、応援者が増えてくることだってあるかもしれません。これは分からないですからね。

そういう意味で、安倍さんは、リオデジャネイロまで行ってパフォーマンスをしなくてはいけないので、追い込《こ》まれているといえば追い込まれているのかもしれないですけどね。

里村　ええ、アニメの力を借りてまでやってますから。

大川隆法　都知事選のときにはゴルフをやって、ご静養されていたわけですよ。「負け」の責任は取りたくないんでしょう。

里村　そうです。

大川隆法　この人（菅官房長官）は、完全に〝汚《よご》れ役〟として使われてますね。おそらく、そうでしょう。

里村　まあ、それをもってよしとするところも、菅官房長官にはおありだと思うんですけども。

大川隆法　うん。「他の宗教への見せしめ」としてのメッセージ

里村　ところで、幸福実現党は旗を降ろすつもりはないんですが、このなかで、どういうふうに収束《しゅうそく》をつけられますか。

菅義偉守護霊　いや、あんたがたが、旗を降ろすまでは続けますよ。収束しません。

里村　しかし、まあ、現場で捜査に回っているほうとか、そのへんの界隈《かいわい》からは、「撃《う》ち方やめ」とか、いろんな声も聞かれるんですよ。

菅義偉守護霊　まあ、やめたっていいですよ。私はやめませんから。

里村　やめない?

菅義偉守護霊　うん。別の観点を考えますから。

里村　別の観点ですか。

菅義偉守護霊　まだ分からないですけど、捜査をすれば何か出てくるでしょう。

里村　そのターゲットは、幸福実現党ですか。

菅義偉守護霊　まあ、実現党に、今は、旗を降ろしてほしいですからねえ。

大川隆法　ほかの宗教にも、たぶん〝見せしめ〟をしてるんじゃないですか、これは。

里村　ああ！

大川隆法　もし、幸福の科学が退転《たいてん》するようだったら、ほかの宗教も、「これは手ごわい」と思って、完全に応援に回るか、静かになるかでしょう。これを狙《ねら》っていると思います。
　例えば、「新宗連《しんしゅうれん》系も、民進党の応援をしてると危ないぞ」という〝信号〟を送っているし、「本気で自民党を応援していない保守系宗教」にも〝信号〟を送ってるんじゃないですかね。そんな感じはしますすね。

里村　例えば、生長《せいちょう》の家《いえ》とかですね。

大川隆法　そう、そう、そう、そう。

里村　つまり、公的に、「自民党を応援しない」と言ってるところに対して、そういうふうな見せしめを……。

菅義偉守護霊　ふん（笑）。うん、まあね。

大川隆法　まあ、ちょっと見せしめをしているかもしれませんね。

里村　スケープゴート（生贄《いけにえ》）ですか。

松島《まつしま》幹事長の発言を評価する菅氏守護霊

松島　やっぱり、末期症状《しょうじょう》じゃないですか、自民党さん。

菅義偉守護霊　いや、末期じゃないですよ。

松島　「死に体《たい》」じゃないですか。死んでるんじゃないですか。

菅義偉守護霊　私は、そう思いません。

松島　そうじゃなかったら、そんなことしないじゃないですか。

菅義偉守護霊　いや、これから強力な国家権力を持って、拡大していきますから。

松島　余裕《よゆう》ないですよね。

菅義偉守護霊　まあ、余裕はないですけどね。

松島　全然ないですよね。

菅義偉守護霊　あんたがたは、もっと余裕がないよ。

松島　国のことを考える余裕もないいんじゃないですか。自分たちの党のことばかり……。

菅義偉守護霊　あんたがたのほうが、余裕はないいんじゃないの？

松島　いや、こっちは余裕がありますよ。

菅義偉守護霊　ないでしょ、今。危ないでしょ。

松島　負けることはないですから。

菅義偉守護霊　いや、負け続けてますからね。

松島　いいえ、「議員ゼロ」から「ゼロ」のままですから、全然負けてませんよ。同じ状態です。

大川隆法　（笑）（会場笑）

菅義偉守護霊　それは「負けてる」って言うんですよ。

松島　いや、負けてないです。昇《のぼ》っていくだけですから。

菅義偉守護霊　あんた、〝くぐってく〟才能があるかもしれないな。そういうこと言うなら。

松島　昇っていくだけですから。申し訳ないですね。

菅義偉守護霊　そういうとこよ。そういうとこが、霞《かすみ》が関《せき》の考え方なんだよ。そういうところを勉強したほうがいい。

松島　だから、それは間違《まちが》ってる、と。霞が関の全員じゃないですよ。それをしている政治家が間違っているということです。

菅義偉守護霊　いや、「負けてるけど、負けてない」っていうのが、やっぱり政治学ですよ。

松島　いや、負けてないです。

菅義偉守護霊　うん、正しい。そういう考え方は正しいと思うよ。

松島　そっちは、もう負けるしかないですからね。

菅義偉守護霊　だから、次は負けるわけにはいかないんでね。

「国家社会主義」についてはどう考えているのか

佐藤　今、言っておられる、「国家を握っているのは、こっちだ。拡大していくだけだ」というお考えですが、これは、「国家社会主義」という言葉と関係ないんですか。

菅義偉守護霊　まあ、知ってますよ。

佐藤　あなたがおっしゃっていることをずっと聞いていると、「『国家社会主義』を目指している」というふうに聞こえるんですけれども、いかがですか。

菅義偉守護霊　実際ね、国を統治するって難しいんですよ。

佐藤　「『国家社会主義』をとれば、国を統治するのは簡単になる」と、こういうことですか。

菅義偉守護霊　まあ、あんたがたからすれば、そう見えるかもしれないけど、われわれから見た民主主義の政治をしてるだけなので。

里村　いや、それは「暴政」と言われるんですよ。

菅義偉守護霊　われわれは、習近平《しゅうきんぺい》のような政治をしてるつもりはありませんから。

里村　あるいは、「一党独裁」って言われる体制ですよ。

菅義偉守護霊　あんたがた、別に、あれでしょ。われわれに反論を書いて、霊言集を書いたって大川総裁は逮捕されないでしょ？　そういう国家は国家社会主義じゃ……。

里村　当たり前です。そんなことまで一足飛び《いっそくと》びに行ったら大変なことですよ。

菅義偉守護霊　そんな国じゃない。

大川隆法　「飴《あめ》とムチ」、両方を使ってますね。飴は、バラマキです。あんな公共投資とかをいっぱいやったり、個人家庭に一・五万円を払《はら》うとか、バラマキをやってます。ムチのほうは、こうやって怖《こわ》いところを見せてるみたいなことでしょう。完全にこれでやれると思っていますね。

里村　非常に危険な感じがします。

菅氏守護霊に働く霊的《れいてき》な影響《えいきょう》とは

佐藤　先ほど、「民主主義」と言われましたけれども、「ファシズムは民主主義から出てきた」という話があります。

菅義偉守護霊　うん、知ってますよ。

佐藤　ご存じですよね。それと同じ話をされてませんか。

菅義偉守護霊　そうですかねえ。

大川隆法　安倍政権は弱いんですよ、そういうものには。よく理解していなくて、本能的に動いていますから。あまり、よく分からないところがあるんですよ。

里村　今、「本能的に動いている」というお言葉がありましたので、あえてお伺《うかが》いします。

菅官房長官の守護霊様は、例えば、どなたかと話しておられますか。「これをどうしよう」とか、「幸福実現党をどうしよう」とか。

菅義偉守護霊　いや、安倍さんとは意見交換してます。

里村　いやいや、地上の菅さんは、安倍さんと話しているでしょうけど、今は、霊的《れいてき》な部分のことを言っているんです。

ちなみに、守護霊っていうのはご存じですよねえ？　少なくとも、菅さんであれば分かると思うんですけど。

菅義偉守護霊　まあ、知ってますよ。

里村　霊的に、誰《だれ》かから、「こういうふうにするべきだ」というようにアドバイスを受けていることはありますか。

菅義偉守護霊　それは、官邸《かんてい》にはいろんな主要な霊は来ますからねえ。

里村　来られますわねえ？

菅義偉守護霊　公明党のほうからは、あんたがたを「潰《つぶ》してほしい」っていう意見は、霊的にも来てますし。

里村　そういうときに、例えば、どういう人が言ってくるんですか。

菅義偉守護霊　いや、いっぱいいますからね。個別では言えないですよ。いろんな方が、いろんな意見を言ってきますから。それは官房長官であれば、情報が集まるとこですからね。

里村　つまり、三次元張りに、陳情《ちんじょう》が来るわけですか。

菅義偉守護霊　陳情ですよ。それを、どう選ぶかは、私と安倍さんの判断ですけどね。

里村　そうすると、（霊的な世界で）必ずしもヒトラーと話をしてるとか、そういうわけではないんですね？

菅義偉守護霊　ヒトラーと……（笑）。それは……（笑）。うーん……（笑）。

里村　毛沢東《もうたくとう》と話をしてるとか。

菅義偉守護霊　いえ、いえ（笑）。そんなことはないですけど。

里村　そうなんですか。

そうすると、あくまでも今の状況《じょうきょう》を見て……。

菅義偉守護霊　いや、われわれは別に、日本国のためにね、いちおう国の繁栄《はんえい》を願ってやってるんであって、「日本を中国のような国にしたい」と思ってやってるわけじゃありませんから。

9　もう安倍《あべ》政権では日本を護《まも》れない

「日本に長期政権が必要」と言う理由

里村　「安倍《あべ》さんのため」だけでなく、「国のため」ともおっしゃったんですけども。

菅義偉守護霊　あのね、日本には長期政権が必要なんですよ、今。

里村　これは、冒頭《ぼうとう》に、松島幹事長のほうから質問させていただいたことですが、どういう日本をイメージされて、今、そのようにおっしゃってるんですか。「日本には長期政権は必要だ」ということについて。

菅義偉守護霊　（約五秒間の沈黙《ちんもく》）私には、安倍首相が君臨している世界にしか見えないんですけど。

里村　（笑）それは、ないですよねえ？

菅義偉守護霊　安倍首相が、憲法改正し、もっと超《ちょう》法規的な権力を持っていただいて。うーん。

だから、国防も、もっと強化しなければいけないですし、経済政策はもっと国家主導で進めるべきとこはあると思うんですよね。

里村　国家主導で？

菅義偉守護霊　うーん。

里村　まあ、国家社会主義の方向ですね（笑）。

では、「中国とかの脅威《きょうい》からアジアの平和を守るために、責任的な立場を日本が取る」とか、そういうイメージでいるんですか。

菅義偉守護霊　いや、アジア圏《けん》とは連携《れんけい》していきますよ、もちろん。中国の脅威には備えなきゃいけませんからね。だから今、ちゃんとアジアのほうにも、軍事的な協力はしてるでしょ？

大川隆法　まあ、正しいかなあ。以前、当会の霊査《れいさ》では、「安倍さんの守護霊は、北《ほう》条時頼《じょうときより》である」というのが出ていますが（『安倍昭恵《あきえ》首相夫人の守護霊トーク「家庭内野党」のホンネ、語ります。』〔幸福の科学出版刊〕参照）、当時、時頼は、念仏宗《ねんぶつしゅう》と組んで日蓮宗《にちれんしゅう》を弾圧《だんあつ》しました。

そして、結局は日蓮が言っていたように、蒙古《もうこ》の来襲《らいしゅう》を受けることになるわけです。

ただ、それを迎《むか》え撃《う》ったのは、（息子《むすこ》の）時宗《ときむね》であって、時頼ではないですからね。

里村　はい。

大川隆法　時頼のほうは、シグナルを見誤ったほうです。対応を誤って、「先延ばし」しながら、宥和《ゆうわ》主義をやっていたほうですからね。だから、何か似たようなことが起きそうな気はしますね。

　また、侵略《しんりゃく》を許してしまうんじゃないですか。防衛省のミサイル配備計画を見ても遅《おそ》いですよ。いったい、あと何年国があると思っているのか知りませんが、ゆっくり開発なされるらしいですね。ちょっと、スピード感が足りないんじゃないですか。

菅義偉守護霊　あのくらいの速度感じゃないと無理ですよ。

里村　だから、それが時代の変化に追いつかなくなっているんです。

大川隆法　その時代に、まだ安倍さんが（首相を）やっていると思っているわけですね。

菅義偉守護霊　だから、もっと安倍さんに権力があれば、もっと大きな軍事拡張……じゃない、軍備の増強ができるんですよ。

里村　いや。安倍さんに力があるというより、幸福実現党が議席を持てば、それが可能になるんですよ。

菅義偉守護霊　あんたがたは議席を持たないから。持ってくれたら、変わる。

公明党と幸福実現党の今後を探《さぐ》る

大川隆法　公明党を解体して、幸福実現党を政党として立てて連立して、幸福実現党に強めの意見を言わせて、あとからついてきたらいいんじゃないですか。

菅義偉守護霊　いや、ですから、公明党を解体してもいいんですけど、公明党を解体しても、あんたがたが議席を持たないので。

大川隆法　まあ、公明党も、もうすぐ終わりますから。創価学会《そうかがっかい》が、もうすぐ終わるのでね。

菅義偉守護霊　それも計算してる。

大川隆法　あれから、政治好きの人たちは、こっちへ来ると思いますよ。たぶん、幸福実現党のほうへ来ると思います。政治好きの、本当の日蓮主義者は、幸福実現党のほうにたぶん来ると思います。

菅義偉守護霊　ああ、そうですか。

大川隆法　だから、逆転しますよ。もうすぐでしょう。それは、池田大作《いけだだいさく》さんの終わりと同時に来ますから。

あの政党は、まもなくなくなります。創価学会には、残留勢力がちょっとあるだろうけども、政治好きの人たちは、幸福実現党のほうに来ますよ。

菅義偉守護霊　うーん……。

大川隆法　だから、次は、こちらのほうを立てて、組むことを考えておいたほうがいいですよ、選択肢《せんたくし》として。

菅義偉守護霊　だから、あなたがたがいつごろ議席を取るかの計算が立たないんですよ。

大川隆法　いや、日蓮主義を読めば、幸福実現党のほうに近いんですから、現実は。

菅義偉守護霊　だから、あなたがたの戦力を見るかぎり、いつごろ選挙で当選するか、また十議席以上持つか、二十議席以上持つかが、われわれも、そこまでは見えないんですよ。

里村　ただ、こういうときの常《つね》として、一議席、壁《かべ》を突破《とっぱ》すると、あっという間に行きますよ。

菅義偉守護霊　まあ、そうですけど、その一議席までが長すぎるじゃないですか、あなたがた。

里村　ただ、もうそろそろで、例えば、次の総選挙、あるいは、その次の参議院選挙で、だんだんと見えてきますから。

菅義偉守護霊　いや、見えてるようで、私には見えないです。あなたがたの勝つ道筋《みちすじ》がね。

里村　ぜひ、そこを見てください。

菅義偉守護霊　いや、見ようと思ってるけど見えないんですよ。

里村　もっと目の曇《くも》りを落としてですね。

菅義偉守護霊　いや、私は、現実的にあなたがたの勢力を見てるんであって。

里村　いや、たぶん見えてるんですよ。でも、いつも近場しか見えてないんですよ。明日《あした》とか、明後日《あさって》のことに関しては、官房長官《かんぼうちょうかん》はすごく的確なんです。しかし、一年後は見えない方なんです。

菅義偉守護霊　いや、「一年後にあなたがたが勝つ」とは思ってませんよ、私たちは。

里村　だから、それが、「曇ってる」っていうんですよ。どうか、曇りを落としていただきたいと思います。

菅義偉守護霊　一年後の衆院選、もしくは再来年の衆院選に、あんたがたが勝つとは見えないです。

安倍《あべ》政権が倒《たお》される可能性はあるのか

大川隆法　ただ、北朝鮮《きたちょうせん》がミサイルを撃っても「受け入れられない」とか、中国公船が尖閣《せんかく》に出ても、「受け入れられない」とか、こんなことばかり言っているようでは駄目《だめ》ですよ。ついていくリーダーシップなどないでしょう、この程度の言論では。ちゃんと国家戦略を打ち出さないと駄目だと思うんですよね。

だから、危ないんですよ。
そんな小さいことで幸福実現党を弾圧してたら、こちらだって奇策《きさく》を弄《ろう》して、民進党と選挙協力して、一気に政権を倒《たお》してしまうかもしれないですよ、もしかしたら。

菅義偉守護霊　それは、できないですよ。

大川隆法　いや、いや、できるかもしれない。

菅義偉守護霊　われわれの調査では、「できない」と見ています。

大川隆法　やれるかもしれませんよ。だんだん（自民党を）嫌《きら》いになってきつつあるから（笑）、分かりませんよ。

里村　それこそ、官房長官が好きな「パイプ」がありますから。

菅義偉守護霊　パイプがあるんですか、あんたがた。

里村　ありますよ。

菅義偉守護霊　ああ、あるのか。確かになあ……。

大川隆法　民進党にだって信者はいっぱいいるのに、みんな、我慢《がまん》して待ってるんですよ、今。

菅義偉守護霊　民進党の保守のほうが今ね、うまくいってないから。あそこらへんと、うちは、つるもうとしてるわけね。

大川隆法　うーん。ただ、もしかしたら、蓮舫《れんほう》さんだって、「台湾《たいわん》防衛」は好きかもしれませんよ。

菅義偉守護霊　まあ、蓮舫の正体は、早く暴《あば》いてもらいたいよねえ。

大川隆法　（守護霊霊言《れいげん》を）やってほしい？

菅義偉守護霊　うん。

大川隆法　じゃあ、考えてみようか（笑）。もし（霊的に）偉《えら》い人だったら大変ですよ。

菅義偉守護霊　そうか、そういうこともあるか……、ふうーん……。もう、あんたがたと組んでも、票数には変化がないからねえ。

里村　いやいや、大きな変化が……。だから、それがあれじゃないですか、今回の参議院選挙で落ちて……。

菅義偉守護霊　あの程度でしょ？　共産党の票数のほうが多いからね、やっぱりねえ。

「革命の時代」には昨日《きのう》までの常識が崩《くず》れていく

大川隆法　ただ、二〇〇九年に鳩山《はとやま》（由紀夫《ゆきお》）さんは、うちが立党したときに、「保守分裂《ぶんれつ》だ。これで選挙は勝った」と言って、それだけが予言者のごとく、お当たりになられたようですけどね。

菅義偉守護霊　うーん。

大川隆法　あのときの大敗ぶりを見れば、やっぱりトレンドが変わることはあるかもしれませんよね。

里村　だから、トレンドが変わるとか、今の常識が通じなくなるとかいうときが、今なんですよ。それが、いわゆる革命の年、あるいは、時代と言われる特徴《とくちょう》なんです。昨日《きのう》までの常識が崩《くず》れていくんですよ。

松島　マスコミの上を押《お》さえてると思ってらっしゃるかもしれないですけど、私たちが会っているマスコミの実際の記者の方々なんかは、だんだんだんだんシンパになってきてますのでね。

菅義偉守護霊　だって、あなた、末端《まったん》の記者と会ってんでしょ？

松島　ですから、それが大きくなっていきますから。

菅義偉守護霊　それを自信に思ってる時点で、あなたがたの勢力は小さいわ、やっぱり。あとは見識力も低いと思う。もう少しねえ、マスコミ全体を見たほうがいいと思うよ。

里村　ただ、そういう発言が、某《ぼう》テレビ局の記者が、「これは人権侵害ですね」と、はっきりと言うようなかたちになってきてるんですよ、だんだん。確かに、まだテレビの画面からは、そういった言葉は出てこなくても、記者自身がそういうふうに言いました。

菅義偉守護霊　「自民党が憲法違反《いはん》だ」「人権侵害だ」って、いろいろ言論がね、多数出てきたら、ちょっと考えなきゃいけないけど。

里村　だから、そういう節目《ふしめ》っていうのは、本当に最初は、例えば、夕刊紙が書いたり、スポーツ紙が書いたり、そういうところからだんだん始まっていきますからね。

菅義偉守護霊　まあ、でも、その前に、〝火消し〟に入りますから。

里村　そこが、大変なマスコミの反発を生んで、大きな命取りになるかもしれない。

大川隆法　もしかしたら、この（霊言の）内容が、そうなるかもしれないですからね。

菅氏守護霊が提案する「捜査《そうさ》を終わらせる条件」

大川隆法　いや、当会は、菅さんを応援《おうえん》していましたからね。あなたにとっていい本を出していたから（『誰《だれ》もが知りたい菅義偉官房長官の本音』〔幸福実現党刊〕参照）、みんな信用して、偉い人だと思って信任したんですよ。それで今、（官房長官として）最長の記録をつくっているわけですから。

これで、「ああ、こんな悪い人だったんかいな」と思うと、変わるかもしれませんね。

菅義偉守護霊　仕事をしてるだけなんですよ。感情論じゃなくて、仕事です。

里村　だから、その仕事が間違《まちが》った方向に行くならば、とんでもない汚点《おてん》を残すことになるということです。今は、栄華《えいが》を極《きわ》めてるように見えても、一転、それが汚点になって歴史に遺《のこ》るということがあるわけですから。

菅義偉守護霊　栄華を極めてるっていっても、政権維持《いじ》のためには、そのくらいの権力を行使しなければいけないんですよ。マスコミにしても。

里村　どうか、歴史がどう判断を下《くだ》すかというところを、官房長官の守護霊様には考えていただきたいと思います。

菅義偉守護霊　いや、長期政権として安倍《あべ》政権は歴史に名を遺して、「国を護《まも》った」という歴史になるんじゃないですか。

里村　まあ、ほんの手前しか見えてないから、そういうご意見になると思うんですよ。

菅義偉守護霊　やっぱり、今、ほかに、できる人がいませんから、首相はね。安倍さん以外にはね。石破《いしば》さんなんかでも無理ですよ、国防も。

里村　まあ、私どもも、決して、〝安倍さん降ろし〟をやってるんじゃないんですよ。安倍さん降ろしなんか全然やってませんよ。倒閣《とうかく》運動とか、やってませんからね。

菅義偉守護霊　じゃあ、もうちょっと、「安倍さん擁護《ようご》」の言論発信をするべきですよ。

里村　じゃあ、もう、捜査《そうさ》を終わらせるべきじゃないですか。

菅義偉守護霊　だから、（あなたがたが擁護の言論を）発信したら終わらせますよ。

里村　いや、違うんですよ。終わったら、そういう発信が出るかもしれない。

菅義偉守護霊　だから、立場が逆なんだって、あんたがた。

松島　（笑）というか、発信せざるをえなくなりますよ。「このまま行ったら、まずい国になる」という。

里村　このまま行ったら、そうですよ。

菅義偉守護霊　そうしたら、弾圧は続きますよ。

松島　ええ。その発信を強くせざるをえなくなります。

菅義偉守護霊　あなたね、国家権力と戦って勝てるねえ、宗教団体があると思ってんですか。

松島　ええ、自由の国ですからね。

佐藤　つまり、「『宗教弾圧』をしているんだ」というふうに考えているということですね？

菅義偉守護霊　「宗教弾圧」には、いろんな定義がありますからね。

佐藤　でも、今、あなたがおっしゃったのは「宗教の弾圧」、そういうことですね？

菅義偉守護霊　まあ、国家に刃向かってるんですから。

松島　国家に刃向かってないですよ。

佐藤　もう一度言いますよ。「国家に刃向かったら宗教弾圧をするんだ」と、「今、してるんだ」と、こう発言されましたね？

菅義偉守護霊　そんな直接的には発言してません。

10　宗教の「危険領域」に踏《ふ》み込《こ》んだ安倍《あべ》政権

菅氏守護霊が気にする「不吉《ふきつ》なこと」

大川隆法　ちなみに、警視総監《そうかん》の守護霊が、私のところまで来たんですよ。大学の同期だったもんですからね。

菅義偉守護霊　ああ、そうなんですか。

大川隆法　それで、「せめて、小さなチラシを撒《ま》くぐらいにしてほしい」と言ってきたんです。

やはり、警察も、あんまり、あなたがたの〝生贄《いけにえ》〟にされたくないらしいんですよ。政権が替《か》わったときに、また困りますからね。なるべく汚点《おてん》を残したくないのは、あっちも一緒《いっしょ》らしいので。

まあ、国民の目からあまりにも理不尽《りふじん》に見えたら、「やっぱり、二十九万人もいる警察職員は、ちょっと多すぎるかなあ」と思うこともあるでしょうね。ALSOK《アルソック》やセコムで十分に対応できるところはありますからね。若干《じゃっかん》、心配ですよね、定員削減《さくげん》がね。

里村　はい。

大川隆法　変なことをしたらね、「ああ、人員が余ってるんだなあ」っていうのは分かるじゃないですか。「お盆《ぼん》でも捜査《そうさ》ができるって、元気なんだなあ」と、思うところもありますよね。あるいは、「予算を消化したいのかなあ」とか、「残業代で消したいのかなあ」とか思うこともあるでしょう。

台風だって、八月で終わるとはかぎらないですしね。東京だって、大きな震災《しんさい》は、まだ狙《ねら》ってないですからね。知りませんよ、それはね。

菅義偉守護霊　東京の震災は、ちょっと勘弁《かんべん》してほしいですね。

里村　だから、今ならまだ戻《もど》ることは可能ですから。

大川隆法　〝ホワイトハウス・ダウン〟なんて、起きないといいですね。

菅義偉守護霊　不吉《ふきつ》なことを言いますね。

里村　いや、あなたがやってることが、結局、そういう結果を招き寄せるんだと言ってるだけです。

「ご家老《かろう》以上ではない」菅氏守護霊

菅義偉守護霊　どうやったら、あんたがたは旗を降ろすんだい？

里村　何があっても、降ろさないです。「日本が、世界が、今よりもよくなること」でなければ、降ろすことはないということです。

菅義偉守護霊　総裁が「やめる」って言ったら、やめるんだろ？

里村　いや、いや。そうじゃないんですよ。なんで粘《ねば》るかっていったら、理想があるからなんですよ。信仰《しんこう》があるからなんです。

菅義偉守護霊　宗教法人があるかぎりやるんだ？　「やる」ってことなの？

里村　それから最後に言っておきたいのは、「国家が宗教に先んずる」というようなことをおっしゃってますけど、国家の寿命《じゅみょう》より、宗教の寿命のほうが長いんです。

菅義偉守護霊　そんなことは知らないよ。

里村　歴史をちゃんと学んでいただきたいと思います。国家が滅《ほろ》んでも宗教は続いていきますから。

菅義偉守護霊　そんな、数千年の軸《じく》で、私に言わないでくれ。私は政治家なんだから。

大川隆法　まあ、安倍《あべ》さんの任期が来ても、私はまだ総裁をやってるだろうと思いますので。こちらのほうが、基本的にはしつこいだろうとは思います。

おそらく、（政権の）批判もしているから、反撃《はんげき》しているつもりなのかもしれないけども、そろそろ厳しいところですね。神々が怒《いか》り始めたら、もう知りませんよ。

里村　はい。

大川隆法　ただ、向こうも「数人しかいない」という（苦笑）、チームでやっているような感じなので、浮《う》いているかもしれません。もうちょっと、いい参謀《さんぼう》をつけないと危ないんじゃないですかね。そんな感じがします。

里村　特に今は、内は皇室の問題から、外はいろんな国のトップが替わってくるという……。

大川隆法　そうですね。次は、「戦争の問題」を抱《かか》えているわけですが、戦争の問題は、国民の生命がかかっていますからね。これは大きいですよ。間《ま》の抜《ぬ》けた政府は、絶対許されないですから。

まあ、こんなものでしょうか。これ以上は（本音の情報は）出ませんかね。

里村　はい。

大川隆法　これは、本当に「家老《かろう》」ですね。ご家老以上ではないでしょう。まあ、安倍さんもまた調べてもいいですが、蓮舫《れんほう》さんも、そうやって言われるんであれば、そのうち考えてはみましょう。どんな人なんでしょうかね。

菅義偉守護霊　蓮舫も、ちょっと撃《う》ち落としてほしいです。

里村　まあ、まだ先の話でございますから（笑）。

菅義偉守護霊　うん。撃ち落としてほしいね。

「安倍《あべ》総理を護《まも》らなければいけない」と言い続ける菅氏守護霊

大川隆法　（菅義偉氏守護霊に）ほかに言うことはないですか。

里村　（他の質問者に）よろしいですか。

大川隆法　たぶん、感じとしては、次の補選に出るかどうかで、「打ち切り」にするか……、まあ、東京都内のあれで終わりにするか。「まだ続行するのなら、他県にまで及《およ》ぶかもしれませんよ」という、このあたりが〝脅《おど》し〟でしょう。たぶん、そんなところじゃないですか。おそらく、そんなところです。

里村　はい。

大川隆法　まあ、弁護士等の頭脳が、どういうふうに判断されるかは分かりませんけれども。ただ、当会も全国的に〝退屈《たいくつ》〟したら、何か〝運動〟するかもしれません。秋は運動会の時期ですからね。

里村　（笑）

大川隆法　全国的に〝運動会〟をしたくなる可能性は、ないとは言えないでしょう。今、すごくおとなしくしているんですが、屈しているわけではありません。

里村　くれぐれもそういうふうな〝大騒《おおさわ》ぎ〟が起きないように、どうか、官房長官《かんぼうちょうかん》の守護霊様におかれては、考えられたほうがいいと思います。

菅義偉守護霊　うん。

大川隆法　まあ、少なくとも、安倍《あべ》さんが講演会をやっても、さいたまスーパーアリーナは埋《う》まりませんからね。そのくらいは知っといてくださいよ。みんな、言うことは聞いてくれませんからね。テレビで報道してるから票が入ってるだけですから。

菅義偉守護霊　うん……。

大川隆法　テレビと新聞で悪口を言われたら、たちまち票は……。まあ、あっという間に、もう、ほんの一カ月でクビになりますから。簡単ですよ。

菅義偉守護霊　いやあ、それは分かってます。

大川隆法　あっという間ですから。終身制ではないので。

菅義偉守護霊　そんなことは分かってるから、安倍総理を護《まも》らなければいけないんですよ。

あんたがたの言論をマスコミが使う可能性もあるので、芽を潰《つぶ》しておきたいんです。

大川隆法　うん。当会の意見は、あなたがたの政策のもとだけじゃなくて、マスコミのほうの言論のもとにもなってますからね。

菅義偉守護霊　そうなんです。だから危険なんですよ。

大川隆法　それは、私欲がないですから、うちのほうは。公平に見て、日本に今、必要なことを言っているんです。

菅義偉守護霊　うーん……。

この世の中で、やましいことは続けられない

大川隆法　まあ、菅さん（守護霊）はこれ以上の人ではないから、もう無理でしょうかね。

里村　はい、ないと思います。もう一点に固まってますから。

大川隆法　でも、だいたい、このくらいで考え方はできますか。

里村　はい。

大川隆法　うちは別に、政党の役員が全部、逮捕《たいほ》されても、宗教ですので、いくらでも「次」を送り込《こ》めますから（笑）。

いや、不吉なことを言って申し訳ないけど、全員逮捕されたところで、即日《そくじつ》、新しい役員が全部揃《そろ》いますので、別に何ともありません。

里村　ええ、そうです。

大川隆法　何回でもできますから、大丈夫《だいじょうぶ》です。そちらさんとは違《ちが》って、早いので。

まあ、そんなことは、してくれないとは思ってますけどね。

そんなに幸福実現党を有名にしたいんだったら、頑張《がんば》られたらいいとは思いますが、それなりに反作用はきっとあると思いますよ。

菅義偉守護霊　うん。

大川隆法　当会は、宗教界のリーダーですから、そんなに弱くないですよ。

里村　むしろ、ますます強くなるということをお考えになったほうがいいと思います。

菅義偉守護霊　粘《ねば》りっぽいんだよ。あんたがた。

大川隆法　まあ、いいでしょう。菅さん（守護霊）には、これ以上は無理ですね。完全に留守番《るすばん》責任をしているだけのようですから。

たぶん、これは、警察相手の仕事ではないでしょう。おそらくは、警察マターではないと感じます。

里村　はい。

大川隆法　あとは、公明党のほうも、予算のところは、都議会のほうを持っているから、そこでちょっと、グジャグジャいじめることはあるんでしょうけどね。まあ、そういうボディブローがあるんでしょうけど。

ただ、この世の中で、そういうやましいことは続けられないとは思います。

里村　はい。

大川隆法　とりあえず、当会の法務室のほうが、「警察官だけを相手にしていてよい」と思っていたらいけないので、このへんのところで、裏のほうを少し調べたほうがいいということです。

里村　ありがとうございます。

政党と一緒にやります。広報局も一緒に護りたいと思います。

大川隆法　人が足りなかったら、また政党（幸福実現党）を増強してもいいとは思います。

おそらく、「（幸福実現党の）広報本部長あたりに脅しをかけたら、もう戦えなくなるのではないか」と読んでるんじゃないですかね。

でも、結果は「逆」になるかもしれませんよ。

里村　はい。本当にそう思います。

大川隆法　もっと有名になってしまうかもしれません。

里村　はい。徐々《じょじょ》に徐々に、そういうふうに変わってきています。

大川隆法　いや、抵抗《ていこう》はしますよね。やはり、抵抗勢力というのは出てきますからね。

里村　はい（笑）。

大川隆法　まだ、私は本気ではやっていないので、本当に本気にさせないでくださいね。

まあ、いいでしょう。

それでは、以上としましょう。（手を二回叩《たた》く）はい。

里村　ありがとうございました。

あとがき

菅《すが》官房長官の守護霊は、「幸福実現党を潰《つぶ》す」と断言し、「霞《かすみ》が関《せき》の〝常識〟が日本の本当の憲法だ」とのたまい、さらに、安倍首相こそが国家そのものだと言い放った。その政治観は民主主義ではなく、それとは反対の一党独裁を志向し、ただただ安倍政権の長期化のみを願うものだった。

失言しないことで定評があり、謹厳実直《きんげんじっちょく》のかたまりのように見える菅氏の本心のなかに、このような国民を軽視し、民主政治を愚弄《ぐろう》するものがあったとは残念でならない。

首相への〝忠臣《ちゅうしん》ぶり〟は、まさに菅氏の過去世である大石内蔵助《おおいしくらのすけ》（『誰もが知りたい菅義偉官房長官の本音』大川隆法著、幸福実現党刊）そのものとも言えようが、その忠臣振りが日本を危《あや》うくし、国民を奈落《ならく》の底に落とすものであるのなら、それは断じて看過《かんか》してはならないだろう。

菅氏は老練な采配《さいはい》で安倍政権の長期化に寄与してきた。安倍首相の治世《ちせい》にはなんらのプラスもない、とまでは言わない。しかし、日本のために、世界の未来のために幸福実現党は正しいものは正しいと、間違っているものは間違っていると言い続けてきたし、これからもその姿勢が変わることはない。安倍政権において日本へのマイナス要素があるならば、断固としてそれを指摘し、正すことは幸福実現党の使命でもある。それは同党が国民を、日本を「愛してるから黙ってられない」からだ。そこには自党の利益のみを願うような気持ちは微塵《みじん》もない。

にもかかわらず、悪法「公職選挙法」でそうした政党の政治的参加の自由を奪い、国民に負《ふ》のイメージを押し付けようとするなら、日本の未来には暗雲が広がるしかない。

すでに八月、異例のトリプル台風が襲来《しゅうらい》し東京直撃を始め多くの被害が出たし、各地で地震が頻発《ひんぱつ》している。

さらに、幸福実現党本部家宅捜索《そうさく》の翌日にノドンミサイルを発射した北朝鮮は、捜査当局が幸福実現党幹部への聞き取りを要求したこれまた翌日、潜水艦発射の弾道ミサイルを発射・成功させた。

既に日蓮聖人《にちれんしょうにん》言うところの天変地夭《てんぺんちよう》（天変地異）、他国侵逼難《たこくしんぴつなん》は起きているのである。これを「偶然」と済ますなら政治家としては失格である。謙虚に自分の政治姿勢を反省し、真に日本と世界の発展を願うことこそ政治家たるものの務めだ。

その意味において、常に神仏を仰《あお》いで自らを振り返り、外においては北朝鮮や中国の危険をいち早く指摘して立党し、内においては二十年不況にピリオドを打って高度成長の再現を目指す幸福実現党は、まさに今の日本には必要だ。

その「芽《め》」を、決して潰してはならない。

二〇一六年　八月二十五日

幸福《こうふく》の科学《かがく》専務理事《せんむりじ》 広報担当《こうほうたんとう》　里村英一《さとむらえいいち》

『菅官房長官の守護霊に訊く　幸福実現党〝国策捜査〟の真相』大川隆法著作関連書籍

『橋本龍太郎元総理の霊言』（幸福の科学出版刊）
『艮の金神と出口なおの霊言』（同右）
『今上天皇の「生前退位」報道の真意を探る』（同右）
『安倍昭恵首相夫人の守護霊トーク「家庭内野党」のホンネ、語ります。』（同右）
『幸福実現党本部　家宅捜索の真相を探る』（幸福実現党刊）
『誰もが知りたい菅義偉官房長官の本音』（同右）

菅官房長官《すがかんぼうちょうかん》の守護霊《しゅごれい》に訊《き》く
幸福実現党《こうふくじつげんとう》〝国策捜査《こくさくそうさ》〟の真相《しんそう》

2016年8月26日　初版第1刷

編　者　　幸福の科学広報局

発行所　　幸福の科学出版株式会社

〒107-0052 東京都港区赤坂2丁目10番14号
TEL(03)5573-7700
http://www.irhpress.co.jp/

印刷・製本　株式会社 研文社

落丁・乱丁本はおとりかえいたします

ISBN978-4-86395-833-3 C0030
写真：アフロ

大川隆法霊言シリーズ・安倍政権のあり方を問う

幸福実現党本部 家宅捜索の真相を探る

エドガー・ケイシーによる スピリチュアル・リーディング

都知事選の直後に行われた、異例とも言える党本部への家宅捜索について、その真相を霊査。一連の騒動の背景に隠された驚くべき新事実とは？【幸福実現党刊】

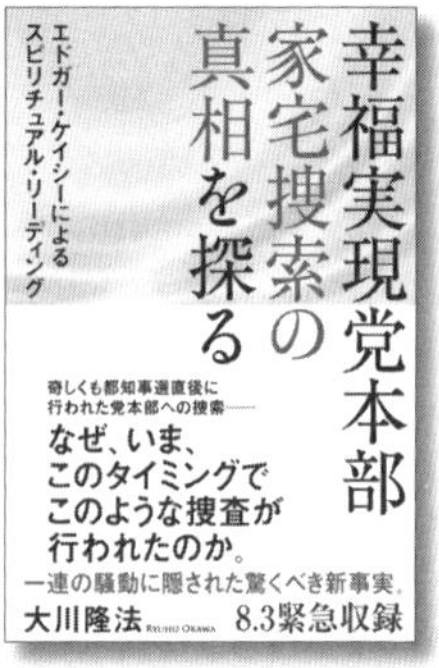

1,400円

岸田文雄外務大臣守護霊インタビュー

外交 そして この国の政治の未来

もし、岸田氏が総理大臣になったら、日本はどうなる？ 外交、国防、憲法改正、経済政策など、次の宰相としての適性を多角的に検証。【幸福実現党刊】

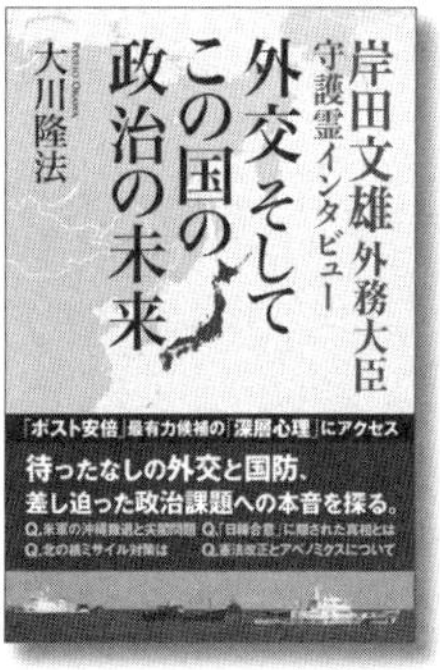

1,400円

今上《きんじょう》天皇の「生前退位」報道の真意を探る

「生前退位」について様々な憶測が交錯するなか、天皇陛下の守護霊が語られた「憲法改正」や「皇室の行く末」、そして「先の大戦」についてのご本心。

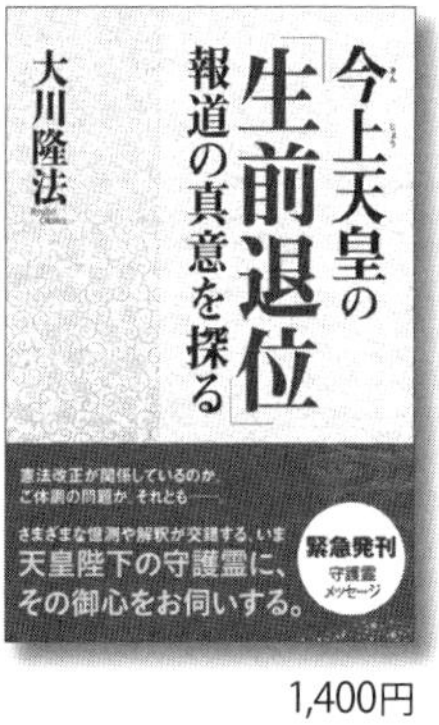

1,400円

※表示価格は本体価格（税別）です。

大川隆法 霊言シリーズ・自民党の政治家は語る

橋本龍太郎元総理の霊言
戦後政治の検証と安倍総理への直言

長期不況を招いた 90 年代の「バブル潰し」と「消費増税」を再検証するとともに、マスコミを利用して国民を欺く安倍政権を〝橋龍〟が一刀両断!

1,400円

小渕恵三元総理の霊言
非凡なる凡人宰相の視点

増税、辺野古問題、日韓合意――。小渕元総理から見た、安倍総理の本心とは? 穏やかな外見と謙虚な言動に隠された〝非凡な素顔〟が明らかに。【幸福実現党刊】

1,400 円

自民党諸君に告ぐ
福田赳夫の霊言

経済の「天才」と言われた福田赳夫元総理が、アベノミクスや国防対策の誤りを叱り飛ばす。 田中角栄のライバルが語る〝日本再生の秘策〟とは!?【ＨＳ政経塾刊】

1,400 円

幸福の科学出版

大川隆法ベストセラーズ・幸福実現党の目指すもの

幸福実現党宣言

この国の未来をデザインする

政治と宗教の真なる関係、「日本国憲法」を改正すべき理由など、日本が世界を牽引するために必要な、国家運営のあるべき姿を指し示す。

1,600円

宗教立国の精神

この国に精神的主柱を

なぜ国家には宗教が必要なのか? 政教分離をどう考えるべきか? 宗教が政治活動に進出するにあたっての決意を表明する。

2,000円

政治革命家・大川隆法

幸福実現党の父

未来が見える。嘘をつかない。タブーに挑戦する——。政治の問題を鋭く指摘し、具体的な打開策を唱える幸福実現党の魅力が分かる万人必読の書。

1,400円

※表示価格は本体価格(税別)です。

元横綱・千代の富士の霊言 強きこと神の如し

絶大な人気を誇った名横綱が、その「強さ」と「美しさ」の秘密を語る。体格差やケガを乗り越える不屈の精神など、人生に勝利するための一流の極意とは。

1,400円

天台大師 智顗の新霊言

「法華経」の先にある宗教のあるべき姿

「中国の釈迦」と呼ばれた天台大師が、1400年の時を超えて、仏教の真髄、そして現代の宗教対立を解決する鍵、新時代の世界宗教の展望を語る。

1,400円

玉依姫の霊言

日本神話の真実と女神の秘密

神武天皇の母であり、豊玉姫の妹とされる玉依姫——。大和の国を見守ってきた女神が、現代の女性たちに贈る「美を磨くための4つのポイント」。

1,400円

Welcome to Happy Science!
幸福の科学グループ紹介

「一人ひとりを幸福にし、世界を明るく照らしたい」──。
その理想を目指し、幸福の科学グループは宗教を根本《こんぽん》にしながら、
幅広い分野で活動を続けています。

宗教活動

幸福の科学【happy-science.jp】

- 支部活動【map.happy-science.jp（支部・精舎へのアクセス）】
- 精舎（研修施設）での研修・祈願【shoja-irh.jp】
- 学生局【03-5457-1773】
- 青年局【03-3535-3310】
- 百歳まで生きる会（シニア層対象）
- シニア・プラン21（生涯現役人生の実現）【03-6384-0778】
- 幸福結婚相談所【happy-science.jp/activity/group/happy-wedding】
- 来世幸福園（霊園）【raise-nasu.kofuku-no-kagaku.or.jp】

来世幸福セレモニー株式会社【03-6311-7286】

株式会社 Earth Innovation【earthinnovation.jp】

30th
おかげさまで30周年
2016年、幸福の科学は
立宗30周年を迎えました。

社会貢献

ヘレンの会（障害者の活動支援）【helen-hs.net】
自殺防止活動【withyou-hs.net】
支援活動
- 一般財団法人
「いじめから子供を守ろうネットワーク」【03-5719-2170】
- 犯罪更生者支援

国際事業

Happy Science 海外法人
【happy-science.org（英語版）】【hans.happy-science.org（中国語簡体字版）】

教育事業

学校法人 幸福の科学学園

- 中学校・高等学校（那須本校）【happy-science.ac.jp】
- 関西中学校・高等学校（関西校）【kansai.happy-science.ac.jp】

宗教教育機関

- 仏法真理塾「サクセスNo.1」（信仰教育と学業修行）【03-5750-0747】
- エンゼルプランV（未就学児信仰教育）【03-5750-0757】
- ネバー・マインド（不登校児支援）【hs-nevermind.org】
  - ユー・アー・エンゼル！運動（障害児支援）【you-are-angel.org】

高等宗教研究機関

- ハッピー・サイエンス・ユニバーシティ（HSU）

政治活動

幸福実現党【hr-party.jp】

- <機関紙>「幸福実現NEWS」
- <出版> 書籍・DVDなどの発刊
- 若者向け政治サイト【truthyouth.jp】

HS政経塾【hs-seikei.happy-science.jp】

出版 メディア 関連事業

幸福の科学の内部向け経典の発刊

幸福の科学の月刊小冊子【info.happy-science.jp/magazine】

幸福の科学出版株式会社【irhpress.co.jp】

- 書籍・CD・DVD・BDなどの発刊
- <映画>「UFO学園の秘密」【ufo-academy.com】ほか8作
- <オピニオン誌>「ザ・リバティ」【the-liberty.com】
- <女性誌>「アー・ユー・ハッピー？」【are-you-happy.com】
- <書店> ブックスフューチャー【booksfuture.com】
- <広告代理店> 株式会社メディア・フューチャー

メディア文化事業

- <ネット番組>「THE FACT」【youtube.com/user/theFACTtvChannel】
- <ラジオ>「天使のモーニングコール」【tenshi-call.com】

スター養成部（芸能人材の育成）【03-5793-1773】

ニュースター・プロダクション株式会社【newstar-pro.com】

ハッピー・サイエンス・ユニバーシティ

Happy Science University

ハッピー・サイエンス・ユニバーシティとは

ハッピー・サイエンス・ユニバーシティ(HSU)は、大川隆法総裁が設立された「現代の松下村塾」であり、「日本発の本格私学」です。

学部のご案内

- 人間幸福学部
- 経営成功学部
- 未来産業学部
- 未来創造学部（2016年4月開設）

政治家やジャーナリスト、俳優・タレント、映画監督・脚本家などのクリエーター人材を育てます。※

※キャンパスは東京がメインとなり、2年制の短期特進課程も新設します(4年制の1年次は千葉です)。

住所 〒299-4325 千葉県長生郡長生村一松丙 4427-1
TEL 0475-32-7770

ニュースター・プロダクション

ニュースター・プロダクション(株)は、新時代の"美しさ"を創造する芸能プロダクションです。2016年3月には、ニュースター・プロダクション製作映画「天使に"アイム・ファイン"」を公開しました。

幸福実現党

内憂外患《ないゆうがいかん》の国難に立ち向かうべく、2009年5月に幸福実現党を立党しました。創立者である大川隆法党総裁の精神的指導のもと、宗教だけでは解決できない問題に取り組み、幸福を具体化するための力になっています。

党の機関紙「幸福実現NEWS」

幸福実現党 釈量子サイト
shaku-ryoko.net

Twitter
釈量子@shakuryokoで検索

若者向け政治サイト「TRUTH YOUTH」

若者目線で政治を考えるサイト。現役大学生を中心にしたライターが、雇用問題や消費税率の引き上げ、マイナンバー制度などの身近なテーマから、政治についてオピニオンを発信します。

truthyouth.jp

幸福実現党 党員募集中

あなたも幸福を実現する政治に参画しませんか

○ 幸福実現党の理念と綱領、政策に賛同する18歳以上の方なら、どなたでも党員になることができます。
○ 党員の期間は、党費(年額 一般党員5,000円、学生党員2,000円)を入金された日から1年間となります。

党員になると

党員限定の機関紙が送付されます(学生党員の方にはメールにてお送りします)。申込書は、下記、幸福実現党公式サイトでダウンロードできます。

住所 **〒107-0052**
東京都港区赤坂2-10-8 6階
幸福実現党本部

TEL **03-6441-0754**
FAX **03-6441-0764**
公式サイト **hr-party.jp**

入会のご案内

あなたも、幸福の科学に集い、ほんとうの幸福を見つけてみませんか？

幸福の科学では、大川隆法総裁が説く仏法真理をもとに、
「どうすれば幸福になれるのか、また、
他の人を幸福にできるのか」を学び、実践しています。

入会

大川隆法総裁の教えを信じ、学ぼうとする方なら、どなたでも入会できます。入会された方には、『入会版「正心法語」』が授与されます。（入会の奉納は1,000円目安です）

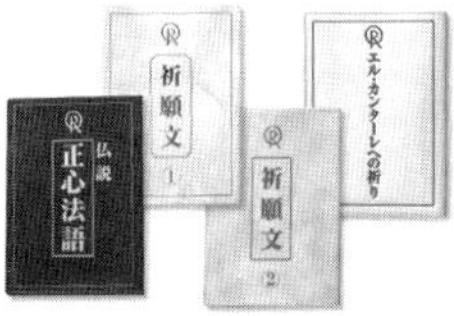

仏弟子としてさらに信仰を深めたい方は、仏・法・僧の三宝への帰依を誓う「三帰誓願式」を受けることができます。三帰誓願者には、『仏説・正心法語』『祈願文①』『祈願文②』『エル・カンターレへの祈り』が授与されます。

三帰《さんき》誓願《せいがん》

ネットからも入会できます

ネット入会すると、ネット上にマイページが開設され、
マイページを通して入会後の信仰生活をサポートします。

01 幸福の科学の入会案内ページにアクセス

happy-science.jp/joinus

02 申込画面で必要事項を入力

※初回のみ1,000円目安の植福（布施）が必要となります。

ネット入会すると……

- 入会版『正心法語』が、ダウンロードできる。
- 毎月の幸福の科学の活動トピックが動画で観れる。

INFORMATION

幸福の科学サービスセンター

TEL. 03-5793-1727（受付時間 火〜金：10〜20時／土・日・祝日：10〜18時）

幸福の科学 公式サイト **happy-science.jp**